好きなこと、変わりたいことを見つけて

幸せを天職にする

言響（心に響く話し方）主宰
宮北結優
Miyakita Yuki

BAB JAPAN

はじめに

あなたは今、幸せですか？

今、この世からいなくなっても後悔のない人生を送っていますか？

こんにちは。ゆきちんです。

「自分に響く言葉で話す（言響《ことひび》）」ことを、セミナーや講演でお伝えしています。

最近セミナーにお越しになるメンバーさんより、こんなご相談をよくいただきます。

「独立して自分自身で仕事がしたいんだけど……」

「好きなことを仕事にして、世界中で仕事がしたいんです……」

「自分に自信を持ってお金を稼ぎたいけど、どうしたらいいの？」

メンバーさんにご相談いただいたような悩みを抱えて生きている人、多いと思います。
なぜなら世の中はまさに「個の時代」。自分が自分で在る時代だからです。
自分の人生、このまま終えていいのか。
自分にしかできないことがあるのではないか。
もっと人生を楽しみたい！

でもその一方で、自信のない自分が顔を出しているのではないでしょうか？
好きなことが何なのかよくわからない。
好きなことでやっていけるのか不安。
今さら、好きなことを仕事にするなんて無理。
こんなふうにあきらめている方、いらっしゃいませんか？

私は今、好きなことを仕事にして生きています。
時間もお金も自由です。

どこでも仕事ができます。

本当に幸せです。

でもこれまで、たくさんたくさん悩みました。落ち込みました。泣きました。

これからも、悩み、落ち込み、泣くかもしれません。

でも幸せです。変な話、明日死んでも悔いはないです。

だから今回、私が今こうして好きなことを仕事にできた方法、プロセスを、皆さんにお伝えし、お役に立てていただきたいと思いました。


なぜ話し方を教えているゆきちんがこの話をするのか？

それは、私自身「自分に響く言葉」をひとつひとつ紡ぐことで、好きなことを仕事にする生活を手に入れたからです。


自分に響く言葉とは「**自分が心から納得できる言葉**」です。なぜ心から納得できる言葉が大切なのか？　好きなことを仕事にするためには、何があっても最後は「**自分で選択する**」「**自分で決める**」ことが最も大切なんです！

なぜなら……**答えは自分の中にある**からです。

だからあなたにも質問をしていきます。その質問を、「あなたに響く言葉で」「あなたが納得できる言葉」でお答えください。

この本では、私が好きなことをどうやって仕事にできたのか、ワーク（質問）を交えてお伝えします。

- **どうやってゼロベースから形にして仕事にしたか？**
- **どうやってぶれずに20年近くやってきたのか？**
- **どうやってお金が稼げるようになったか？**
- **どうやって好きな仕事だけで暮らせるようになったのか？**
- **悩んだとき、落ち込んだとき、どうやって決断したのか？**

あなたが心から納得できる言葉であなたの中にある答えを見つけてください。その結果、きっと、「好きなことを、納得いく形で仕事ができる」ようになるでしょう。

この本でそんなお手伝いができれば幸いです。

目次

第2章 「好きなこと」と「変えたいこと」で人は成長する
~どうやってぶれずに20年近くやってきたのか?

第3章 あなただけの幸せを探そう
~どうやってお金を稼げるようになったか?

第4章 がんばらなくてもうまくいく
~どうやって好きな仕事だけで暮らせるようになったのか?

第5章 うまくいかないとき……どうする?
~悩んだとき、落ち込んだとき、どうやって決断したのか?

第6章 答えはあなたの中にある
～ゆきちんからのメッセージ

本書の使い方

本書では、「自分に自信が持てない」「今の自分を変えたい」「今のままでは将来が不安」「何か始めたいけれど、何をしていいかわからない」「やりたい仕事に就いたけれど、本当にこれでいいのかわからなくなった」「好きな仕事を始めたのに、どうしてもうまくいかない」……そんな、自分の生き方と仕事に不安を感じている方々に向けて書きました。

全部で14（ワーク2はAとBに分かれています）のワークがあります。このワークは、徐々に内なる自分を深掘りしていきます。自分にとって安心と幸せを感じることを知り、自分が本当に好きなことで生きていくための指針を見つけることができます。

そのために、次のことを心に留めておいてくださいね。

1　ワークは順番に行ってください。1日で終える必要はありません。何日かかっても問題ありませんが、初めから順に行うことで、自分の深いところに徐々に触れるようにしています。

2　書き方は自由です。文章でも絵でも、図でも、箇条書きでもなんでもOK。自分が自

由に表現できる方法で書いてください。どう書いていいかわからないという場合だけ、各ワークのあとのゆきちんの例を見て、参考にしてください。基本は、自分自身の答えを導き出すために、ゆきちんの例はご自身のワークを行ったあとに、参考例としてお読みください。

3

ワークにはスペースをとっていますので、本書に書き込んでいただくことをおすすめします。そうすれば、最後までワークを終えると、本書があなただけの「生き方の指南書」になります。壁にぶつかったとき、人生の岐路に立たされたとき、もう一度自分の本質に立ち返りたいとき、ワーク部分を繰り返し読んでください。

このスペースでは書ききれない方、また本に直接書き込むことに抵抗のある方は、ノートなど別のものに書き込んでいただいてもよいでしょう。そのノートはときどき読み返せるように、目につくところに置いておいてくださいね。

では、始めましょう！

第1章

どんな「あなた」になりたいですか？

～どうやってゼロベースから
形にして仕事にしたか？

女優時代の悔しい思い出

あらためてこんにちは。ゆきちんです。

私は18歳から22年ほど役者の仕事をしていました。40歳のときに**「言響」**を興して、15年以上経ちました。

実は言響は、私が人前で話すことが好きだから始めたのではありません。**「ちゃんと自分の言葉で話したい」**という**「心の叫び」**から生まれたんです。

意外でしょ？

ここでまず、なぜ私が言響を始めようと思ったのか、自己紹介がてら、言響誕生秘話をお話しさせてください。

私は18歳のとき、劇団青年座を経て芸能事務所に所属しました。「宮北由季」という役者名で舞台やテレビのお仕事を22年ほどやらせていただきました。数えきれないほどのオーディションを受けました。

ほとんど落ちる中でやっと手にする仕事。


その頃、よく演出家から言われた言葉がありました。

「もっと宮北の感じる芝居をしてくれ」

当時の私はうまい役者とは、演出家や監督の期待に答える役者、言われたとおりのことができる役者だと思っていました。だからいつも演出家の眼を氣にして、氣に入られる芝居をしていました。ゆえに「宮北の感じる芝居をしてくれ」と言われても、言っていることはわかるけど、どうすればよいかわからなかったのです。


稽古が始まると、心がきゅっとかたくなります。そしてガチガチになった心のせいで、自由に動けなくなってしまうのです。稽古中、監督の表情が氣になるので、コンタクトを外して芝居をしたこともあります。心の力を抜きたくて、お酒を飲んで本番をやったこともありました。

でも、できない……。

監督の眼が氣になり、心がかたくなってしまう……。

できなくて、オーディションで得た役を降ろされたこともあります。ポスターの表面に顔が出ているのに、役から外されたこともあります。

そんなときは、夜通しお酒を飲み、泣きながら叫んでいました。「気に入られる芝居ではない！　まわりの眼を気にせず、自分らしく自由に表現したい!!」

それでもなんとか、大きな舞台や大河ドラマの半レギュラーのお話をいただけるようになり、スター名鑑にも載るようになりました。するとますます、「失いたくない」「失敗したくない」「もっと認められなくては！」と、さらに監督やまわりの眼が氣になりだしたのです。

38歳のときです。世の中はちょうど話し方ブームでした。

よくまわりから「役者さんは緊張しないの？　頭白くならないの？」「どうすればそんなに堂々と人前で話せるの？　教えてほしい」と言われるようになったんです。

私も自分の役者経験を活かして、何か新しいことを始めたいなーと思っていた頃でした。

当時、ブライダルの司会もときどきやっていたのですが、司会者を育成することは他の人でもできるし、ましてや役者を育てるなんて絶対できないし……。

「私にしかできないことで、何か仕事できないかな～」

そんなことばかり考えていました。

そんな中、あるブライダルの司会を担当しました。新郎新婦は、打ち合わせでとてもBGMにこだわっていました。

披露宴本番。会場に向かいながらそんなことを思い出し、「あ～今日の音響さんたいへんだな」と思ったとき、ふと、「そうか、音響さんは人に音を響かせてその氣にさせる仕事かー。ならば私はなんだろう？？？　あ！　言葉をずっと扱ってきたから『言響』だ！」とひらめいたのです。

「自分に響く言葉で話せる方法をお伝えしよう！

いや、それを自分ができるようになりたい！　自分の言葉で、自分に響く言葉で話せるようになりたい！」

そして、言響は誕生しました。「得意だから」「好きだから」というより、「人に氣に入られる言葉ではなく、自分の言葉で話せるように変わりたい！」という**心の叫び**から生まれたのです。

ただ好きなだけでは3年で飽きる

ゆきちんね、思うんです。ただ好きなだけでは「3年で飽きる」って。飽きるっていうか、「別に自分じゃなくてもできるんじゃないか」「もっと私にしかできないことがあるんじゃないか」って不安になるんですよね。

好きなことを仕事にし続けられるコツって、

「自分の好きな（得意な）こと」＋「自分が変わりたいこと」
のセットだと思うんです。

自分はどうやったら変われるか、どうすれば自分を好きになれるか、どうすれば自信が持てるようになるか……。こんなふうに「自分が変わりたいこと」を「自分が好きなことを手段にして」変化していく、成長していく。

「自分のいやなところ」が好きな仕事につながる

言響メンバーで「自分のいやなところが、好きな仕事につながった事例をご紹介します。

【清水佳代さん】

佳代さんは自分に自信が持てないことに悩んでいました。「できないと思ってしまう癖をなおしたい」「私なんて、という自分がぬぐいきれない」「人からできない人と刻印を押されそうで不安」などなど。そして佳代さんはそんな自分が大嫌いだったんです。そんなとき、佳代さんは言響表現塾で学びました。

「自分に自信が欲しい」「自分のことを好きになりたい」

言響表現塾で今まで蓋をしていた自分にも触れ「自分はどうなりたいのか」「何ができるのか」深く考えました。途中不安との闘いでした。が「自分のことを好きになりたい」という強いエネルギーから「自分も含め、自分のことが大好きと言える人たちを増やしたい」になったんです。

そこにもともと、好きで取得した「キレイデザイン学」「ISD個性心理学」「ほめ達特別認定講師」そして「言響准インストラクター」といったさまざまな資格を手段にして「自分大好きな人を増やす」ことを目的にイキイキとお仕事されています。

まさに「自分が変わりたいこと」を「自分が好きなことを手段にして」変化し、好きなことを仕事にし続けられている成幸事例です。

不幸エネルギーは幸せエネルギーの7倍！

不幸エネルギーも幸せエネルギーも同じエネルギーです。それを不幸・幸せにジャッジしているのは自分ですよね。

そしてなんと！　**不幸エネルギーは幸せエネルギーの7倍の強さがある**ともいわれています。

「自分のことが大嫌い！」「自分に自信がない」……こういうネガティブエネルギーはいってみれば、不幸につながりかねません。けれど、その氣持ちが強い人ほど、そして**「そんな自分を絶対に変えたい」**というエネルギーが強い人ほど、そのエネルギーを使って好きなことを仕事にしていけます。だから、エネルギーが強いほど成幸できるんです。

「あの苦しかった想いを二度としたくない、自分はこう変わりたい」それがエネルギーになるんです。

こんな強いエネルギーに蓋をするのはあまりにももったいない!! コインの表裏のように、不幸エネルギーをひっくり返して有効活用しちゃいましょう!

「こんな経験二度としたくない!」というエネルギーを有効活用するんです。

「じゃあ、どんな自分になりたい?」「どう変わりたい?」

すると、絶対あの頃の自分に戻りたくないから、それが背中を押して、ありたい自分を手にできるんです。

さあ、まずここでは「不幸エネルギー」に目を向けていきましょう。

年代別であなたが悲しかったこと、さびしかったこと、悔しかったこと、頭にきたこと、つらかったことを書いていただきます。

このワークで書いたことは誰かに見せるものではありません。墓までもっていくような自分日記をつけるようなつもりで書いてみてくださいね。

ワーク1

不幸エネルギーを幸せエネルギーに変換させる

年代順にあなたが悲しかったこと、さびしかったこと、悔しかったこと、頭にきたこと、つらかったことを書いてみよう。思い出せない年代はとばしてもよいですが、できるだけ埋めてくださいね。

●記入するときの注意点

1. 事実ではなく「自分が感じたこと」を書いてください。「いじめにあった」という事実だけでなく、いじめにあってどう思ったかについて書いてください。「いじめにあって、つらかった。悔しかった」と感情が湧いてきたら○K。
2. 今の感情ではなく「当時の感情」で書いてください。「小学生のころいじめにあって、今思えばよく耐えてきたなと思う」はNG。「小学生のころいじめにあって、つらくてつらくて学校に行きたくなかった」は○K。

幼少時代

小学時代

中学時代

高校時代

●高卒～20代

●社会人になってから

●つらかった出来事の共通項はなんですか？

●今思うと、それによってどのような氣づきがありますか？
そして、どんな自分になりたい、変わりたいと思いましたか？

ゆきちんの例をあげてみます。

●中学高校時代

常にできる生徒を装っていました。できないのに、本当は甘えたいのに、それは自分を弱くすると思い、いつも明るくふるまっていました。

●芸能界に入ってからも

「弱味を見せたら、足元をすくわれる」と思い、弱いところを見せられなかった。本当は弱音を吐きたかった。「できない」って言いたかった。でもそうすると、人が離れていく氣がして言えませんでした。あるとき、「宮北さんの笑顔が怖い」と言われました。私は氣に入られるために、相手に好印象を与えるために必死だっただけに、すごくショックでした。

●共通項として

自分さえ我慢すればいい。周囲の眼が氣になり、まわりに合わせる。氣に入られる言葉で話す。そして、そんな自分が大っ嫌い!!

これはあなたにつらいことを思い出させるワークでは決してありません。

人はつらかったことからはい上がったとき、ものすごいエネルギーを出しています。今、この本を読んでいるあなたは、まさにつらかったことからはい上がった人です。だってそうでしょ？　はい上がっていなかったら死んでいますから。

そのときは「逃げだ」と思うようなことでも、今生き残っているということは、はい上がったのです。乗り越えたのです。

そしてこのはい上がったときのエネルギーがとてつもなくすごいのです。こんなことを思いませんか？　「今考えると、よくあれを乗り越えたよなー」って。いやなことだから眼をそむけるのではなく、そのはい上がったエネルギーを有効活用し、好きなことを仕事にするエネルギーに活かしていきましょう。

この【不幸エネルギーを幸せエネルギーに変換させるワーク】に取り組むことで、あなたが「私はこんなふうに変わりたい」を言語化させます。

「自分の好きな（得意な）こと」＋「自分が変わりたいこと」を探そう

最初に「自分が変わりたいこと」を考えてもらいました。次は、**「自分の好きな（得意な）こと」を「感情ベース」**で見つけてもらいます。

ありゃ?! あなたの心の声が聞こえてきましたよ。

「私、得意なことなんて何もない」

「私、好きなことがわからない」

「私、大した能力ないし」

大丈夫です。ほとんどの方がそのようにおっしゃいます。

「能力」と「才能」の違いっておわかりですか？

「能力」とは、世の中や組織に必要とされるために、結果を出すためにつけた知識。

「才能」とは、感情を行動に移した結果生まれる能力（才能心理学　北端康良先生）。

あなたには「才能」レベルで得意なこと、好きなことを見つけていただきます。

たとえばゆきちんは小さいころから人前で表現することが大好きでした（感情）。その人前で表現することが大好きという感情を劇団青年座を受けるという「行動」に移しました。結果、22年役者を仕事にしてきました。今でも役者のスキルを使って表現法をお伝えしています。

実ははじめにやっていただいた【不幸エネルギーを幸せエネルギーに変換させるワーク】も感情をベースに書いていただきました。

負の感情でも同じことです。

「人に氣に入られる言葉ではなく、自分の言葉で話せるように変わりたい！」という「強い感情」を「行動」に移したのが、言響立ち上げです。結果15年以上続いています。

このあとやっていただく【楽しかったことから得意なことをあぶり出すワーク】も【不幸エネルギーを幸せエネルギーに変換させるワーク】も**感情がベース**です。しかも昨日今日で消えるような弱い感情ではなく、**「強い感情」**であればあるほど才能は見つけやすいです。

さあ、やってみましょう！

ワーク2 A

楽しかったことから得意なことをあぶり出す

年代順に、楽しかったこと、うれしかったこと、感動したこと、感謝したことを書いてみよう。どう書いていいかわからない人は、37ページのゆきちんの例を参考にしてくださいね。

＊記入するときの注意点

1．事実ではなく「自分が感じたこと」を書いてください。「留学させてもらった」という事実だけではNG。「留学がすごく楽しかった」と感情が湧いてきたらOK。

2．今の感情ではなく「当時の感情」で書いてください。「今思えば兄弟たくさんいる中、自分だけ留学させてもらえてありがたかったよな」はNG。「留学で●●したことが本当に楽しかった」はOK。

● 幼少時代

● 小学時代

中学時代

高校時代

● 高卒～20代

● 社会人になってから

●楽しかった出来事の共通項はなんですか?

ゆきちんを具体例にお伝えしましょう。

●幼少時代

幼稚園で「小鳥の羽屋さん」という学芸会でひよこの役をやった。

上から下まで真っ黄色の衣装を着て「ピーピーピー」と」いうだけの役だったが、両親や祖父母がすごく喜んでくれて、私も楽しかった。

●小学校時代

小学6年生の運動会で、女の子で初めて応援団長になった。

「応援団長になれるのは普通男の子なのよ」という担任の先生に「そういうのを差別っていうんじゃないですか？」と反発。みごと応援団長の座を手にしたとき「たとえ相手は先生でも自分が思っていることをちゃんと言っていこう」と、そんなことを言える自分が好きだった。

●中学時代

中学1年生のとき、地元の全校弁論大会で入賞！「本当の友達」というタイトルで「私はけんかが大好きです」というキャッチーな出だし。お友達や両親が「かっこいいね～」「すごいね」と言ってくれてうれしかった。人前で自分の考えを主張できるのが、たまらなく氣持ちよかった。

●楽しかった出来事の共通項

人前で表現すること

ワーク2 B

楽しかったことから得意なことをあぶり出す

● 現在あなたが興味あること、趣味・習い事など夢中になっていることはなんですか（複数可）？

●それぞれ、なぜそれに興味があるのですか？

●これらに共通することはなんですか？

ゆきちんを具体例にあげますね。

●夢中になっていること

1. マラソン↓できないことができるようになる。
2. 筋トレ↓体型が変わる。できないことができるようになる。
3. 料理↓今、あるもので想像して作る。

●共通していること

変化と成長

それではここでAとBの共通項を融合させてみましょう。

ゆきちんがこれまで「楽しい」と思ったことは、「人前で表現すること」。夢中になれるものは「変化と成長」を感じられるもの。

さらに第1章のワークと第2章のワークを融合させます。すると、好きなことを仕事にし続けられるコツは、こんなことが考えられます。

- **「自分が変わりたいこと」→自分の言葉で話したい！**
- **「自分の好きな（得意な）こと」→「人前で表現すること」が好き**

そして**「変化と成長」を感じられるものが好き。**

要するに、ゆきちゃんが好きなことを仕事にし続けられているのは、ゆきちゃんは自分の言葉で話すこと、「人前で表現すること」を活用して、「変化と成長」が感じられる「セミナー、講演」という形でやっているからなんです。

第2章

「好きなこと」と「変えたいこと」で人は成長する

～どうやってぶれずに
20年近くやってきたのか？

「ワクワク」の氣持ちを大切に

好きなことを仕事にするとき、どうしても形にすることを急ぐ人がいます。その氣持ちわかります。形にすると安心するもんね。

でも形にすることに、絶対急がないでほしい。焦らないでほしい。形にすると安心はするけれど、それが自分の中の決められた枠になり、結果それに縛られ、可能性を狭めてしまうこともあるから。

それよりも**氣持ちを大事にしてほしい。**

湧き上がる感情を大事にしてほしいんだ。

私は感情をベースにして「ありたい形」を手にしてきました。どういうことかをお伝えしますね。

ありたい形を手に入れるために大切なこと【言語化する】

言葉にすると見えてきます。ひとつ形になります。

そのとき大切なことは

「ワクワクするかどうか」

「まわりがこうだから、自分もこういう形にしなくちゃ」なんてどうでもいい。

自分がワクワクするか！　これ、めっちゃ大事。

そしてそのとき「私には無理だし、できないと思うけど」という思考や言葉は宇宙に飛ばしてください。

今がどうであれ、言葉にすることで誰にも迷惑かけないからね。

私はね、ずーっと「海が見えるところで仕事するんだ」って言っていたの。起業して3年目、全然お金がなくなっちゃったときも「海のそばに住むんだ」と言っていた。

お財布に63円しか入っていなかったときも、「海の見えるところで仕事するの」。税理士に「会社をたたむのも手段ですよ」と言われても、「へ？　私、海のそばでこの仕事しているし」と言っていた。

びっくりでしょ。

正直、日々の生活に追われていましたよ。法人化にしてからも、アルバイトをしていたし……。でもいつも思い描いていたし、声に出して「海のそばで仕事するんだ～」って言っていた。**言うのはタダだし、誰にも迷惑かけない**からね。

それより、「海のそばで仕事するんだ～」。この言葉を声に出すとワクワクしたんだ。

時は経ち、貸し会議室にお支払いする月額と、小さくてもどこか部屋を借りる月額と大して変わらないことがわかりました。

そこで、思いきって借りることにしました。でも「海が見えるところなんて高いだろうし、都内でそんな場所知らないし……」と思っていました。

だから不動産屋さんには「全国から生徒さんが来るので、交通の便がよいところ。新幹線も飛行機も。となると品川、五反田あたりかなー」と言っていたんです。

そんなある日、不動産屋さんが「浜松町もありですよね」と言ってくれてぷらっと見学。部屋の扉を明けて、腰抜かしそうになりました。

不動産屋に何も言っていないのなんで――?!

なんと部屋を開けると、目の前には海が広がっていたんです。

言葉のエネルギーってすごいなって思いました。

現実はどうあれ、声に出して「海のそばで仕事するんだー」と言っていると37兆の自分の細胞が「そうか、ご主人様は海のそばで仕事するんだ。よーし、みんなイケ―――！ 1、2、1、2、1、2」と動いてくれるみたいなんです。

浜松町のアトリエ

私が「ありたい形」を叶えた理由

氣功学的には、ただ心の中で思うより声に出したほうが、約4倍の速さで効き目があるそうです。声に出して声帯を震わせることで細胞に届きやすいんです。

ということで、私はただ声に出して言っただけで「海のそばで仕事をする」というありたい形を手に入れました。あわせて自宅も目の前が海の場所に引っ越しました。

あるとき、言響インストラクターに言われました。

「ゆきちん、言っていたとおりの暮らしをしていますね」。

ホント、ただ声に出して言っていただけです。そうしたらいつの間にかそうなっていたんです。

自宅からの眺望。目の前が海！

そこから私は**ありたい形をドンドン手にできるようになりました。**今、私は稽古場と住まいを一体化させています。これも長年ありたい形でした。見晴しがよくて、みんなが「言響稽古場に行く」と思うだけでワクワクして、私もそこでゆっくりコーヒー飲みながら原稿を書いている。生活を楽しみながら仕事している。遊ぶように仕事しているっていうイメージ。

浜松町に初めてサロンを構えてから10年も経っていません。でも確実にありたい形を手に入れちゃったんです。なぜそんなに加速化したか？

それは、言語化したことを、**「視覚化」**したからです。実は稽古場と住まいの一体化は、私が憧れる人がそういうスタイルで仕事をしていたのです。

スタジオ兼ご自宅が素晴らしくて、私のイメージとぴったりでした。そのとき、まず言語化したんですね。「私もこういう空間を構えたい」と。

そして次に「私だったらこのリビングで、朝、コーヒーを飲みたい」「こんな家具をおいて、鏡はここに取りつけて」と、その人のお宅を「ここが自分の家だったら」と思い描き、いろいろ想像しちゃったんです。

そして家に帰ってからも、今からできることをやってみました。リビングでゆっくりコーヒーを飲む時間をとる。観葉植物を置いてみる。

あんな素敵なリビングで、コンビニおにぎりは食べないいな。自分で発芽玄米おにぎり作ってみよう。時間がないときは、デパ地下のもう少し高いお弁当にしよう。なんてね（笑）

ありたい形を目標において、遠く彼方を見つめるのではない。「ありたい形で今を生きるんです」。これを意識したら、叶う時間が加速化しました。

さて、次のワークをしてみてください。

現在の虎ノ門サロン

ワーク3

ありたい自分を具体化する

あなたは好きなことを仕事にして、どんな一日を過ごしていますか？
時系列で書いてみよう。

例：

朝、どういう状態で目覚めて、何をする？
ありたい形で過ごしているあなたは
どんなところにお金をかけて
どんな空間にいて
どんな装いで
どんなものを持っていて
何を食べていますか？

●一日の流れを書いてみよう（絵でも文字でも24時間の円グラフでも、どんな書式でもＯＫ）

1. お金をかけるところ（こだわるところ）

2. 空間

3. 装い（服装）

4. 小道具（持ち物）

5. 体へ入れるもの（食物、飲み物、サプリetc.）

●書いたら、今日からできそうなものに印をつけてみよう。

for example

ここでは、ゆきちんの例でなく、メイクアップの講師になりたいメンバーさんのこだわりについてのお答えを、許可をいただいて掲載します。

その後、彼女がどうなったかは、57ページをご覧くださいね。

1. **お金をかけるところ**　化粧品・ブラシ
2. **空間**　白を基調。家具も白。観葉植物を置いて、自然光が入る。お気に入りの絵を飾る。
3. **装い**　肌の色がきれいに見える（パーソナルカラーを取り入れる）。お客様が癒される服装。
4. **小道具（持ち物）**　ブラシを入れる。ポシェットは革製品で名前入り。ブラシも●●のメーカーのブラシを。
5. **体に入れるもの**　肌がきれいになる食べ物、飲み物。自分が人体実験して、よいものをお客様におすすめしたい。

ありたい姿で生きよう

ありたい形で今日を生きてください。今、買える洋服ではない。**ありたい姿のあなたが着ている洋服を、今、着よう。**

・どんな暮らしをしているのか?
・ありたい姿のあなたが食べているものを今、食べよう。
・ありたい姿を身体になじませてください。

これは**役者でいう役作りと同じ**です。たとえば「銀座でナンバーワンのママの役」という役作り。2か月後には撮影が控えている。銀座でナンバーワンのママというありたい姿を今、生きるんです。役作りのために普段から化粧が濃くなり、下着が派手になり、装いが変わります。髪型やネイルも変わります。するとどんどんその氣になります。

役者さんは「役で使う小道具と仲良くなりなさい」といわれます。蜷川幸雄さんの舞台に立たせていただいたときは、稽古中から本番で使用する小道具を使わせてもらえました（キセル、提灯、台帳など）。

ありたい自分が使っている小道具（たとえば、時計、名刺入れ、バッグ等）をなじませる。しみこませる。するとドンドンありたい形が自然に体になじんでくるんです。

ありたい姿で今を生きてください。ありたい自分が使っているもの、身につけているもの、口にしているもの、空間を今、取り入れてください。するとありたい姿への変化が加速化します。

するとね、**今も幸せになれる**んです。目標が叶うまでは不幸せ、叶ったら幸せではない。ありたい形で今を生きることで、疑似体験できるわけですから、今も幸せ、そしてもちろんありたい形が手に入っても幸せですよね。

言語化、視覚化してありたい形を手に入れちゃったメンバーの話

【二瓶久美子さん】

「サロンを構えてメイク教室やりたい」と口にして3か月後、自宅の一部を改装して思いどおりのサロンを手にした人のお話です。

久美子さんは30年以上、食品会社にお勤め、人事教育を担当されています。とても充実した毎日です。

でも学生の頃から大好きだった「メイクのお仕事をしたい」という夢をあきらめられませんでした。

ゆきちんの「好きなことを仕事にする生き方ワークショップ」に参加された久美子さん。ぽつりと「メイクを通して毎日お勤めしている人の氣持ちをアップさせたい」とおっしゃいます。

ワークショップに参加したほかのメンバーは「素敵！　絶対やってほしい」と心から応援しました。そしたら久美子さん、しばらく考えてまたぽろっと**「実家に一部屋使っていない部屋があるんです。もしかしたらそれをメイクサロンにできるかもしれない」**

もうほかのメンバーは、大盛り上がりです！　「どんな空間にする？」「壁紙は何色？」「何を置く？」と、どんな部屋にしたいか視覚化していったんです。

そしたらなんと！　3か月後にはお部屋のリフォームに取り掛かり、半年後には素晴らしいメイクサロンが完成しちゃいました。

ゆきちん、ありがたいことに最初のお客様として、サロンにお招きいただきました。

そのとき、久美子さんはおっしゃいました。

「あのワークショップで言語化したとき、できるかもしれない！と思ったんです。そして**具体的にその空間をイメージして視覚化したら、その空間でやりたいこと、ありたい形が次々見えてきたん**

です。

「最初は反対されると思っていた家族にも相談したら　あっさりと『いいんじゃない！』と言ってくれ、今やいろいろ協力してくれます。これからこのサロンで長年の夢だったメイク教室やスキンケア教室やっていきます！」

今、久美子さんは言響の准インストラクターとしても活躍しています。またワークショップで一緒だった仲間達と親交を深め、お互いに夢を叶えるべく切磋琢磨して、次のステージを目指しています。

第**3**章

あなただけの幸せを探そう

～どうやってお金を稼げるようになったか？

幸せ探しをしよう

さあ、好きなことを仕事にし続ける、形も見えてきました。ここからもう少し枠を広げて「幸せ」について、お伝えしたいと思います。

あなたにとって幸せってなんですか？

いくつでも構いません。考えてみてください。

成功したら幸せ？
目標達成したら幸せ？
お金も時間も自由に使えたら幸せ？

ゆきちんもかなり長い年月考えました。

講座で満席になったら幸せ？
言響1本で食べていけたら幸せ？
売り上げが●円になったら幸せ？

はい、どれも「うれしいこと」です。でも逆に、「幸せか？」ということは、満席にならなかったら不幸せ？　言響1本で食べていけなかったら不幸せ？　売り上げが目標に達しなかったら不幸せ？

違うなーって思ったんです。うれしいけど、幸せかな？　その瞬間はうれしいけど一過性のものだよな。

幸せってそんなものじゃない。**「まわりや環境に左右されず、もっと身近に感じられるものじゃないか」**って思ったんです。

じゃあ、私にとって幸せってなんだろう？　ふと、降りてきた言葉がありました。**「自分をコントロールしているものを外したら幸せ」**

講座満席も、売り上げ●円も、自分が決めたルールです。それがいつの間にか、

「●人、集めなくてはいけない」

「●円稼がないと、ダメになる」と、**自分が決めたルールにコントロールされている**ことに氣がついたんです。


誰が決めたんじゃい?! ……自分じゃっ！！！

「100人集まったら幸せ。2人だったら不幸せ」

「100万稼いだら幸せ。2万だったら不幸せ」


そうではない。


「100人集まっても幸せ。2人集まっても幸せ」

「100万稼いでも幸せ。2万稼いでも幸せ」

このことに関しては、後半に出てくる「集客について」「お金について」で詳しく書かせていただきますね。

そして次なる落とし穴……。

「人が喜んでくれたら幸せ！」と言っているあなた!!

危険です!! もちろん人が喜んでくれたら幸せです。でもそういうことを声を大にして言っている方の多くは、自分を大切にしていません。

人のために時間を使って、
人のために睡眠時間削って、
人のために労働時間増やして、
人のために食事時間削って仕事して、
時に健康状態が崩れて、肌もボロボロ。
眼の下にはクマが……。

いいですか？ **好きなことを仕事にするということは「あなた自身が商品」**なんです。あなたは普段、何か買うときに、わざわざくたびれた商品を買いますか？ しわくちゃの洋服、金具が半分外れたバックを買いますか？

商品である自分自身に最高のメンテナンスをしてください。**商品である自分を、大切に大切にしてください！**

くたびれた商品を買おうと思う人がいないように、お客様はくたびれた人には近づきません。いつもあなたがご機嫌で、キラキラしていること。そこに人は集まるんです。

あなたを「幸せの水」で満たそう

居酒屋さんで日本酒を召し上がったことありますか？　日本酒の升《ます》が受け皿とともに運ばれてきます。そこに一升瓶を抱えた店員さんが、升になみなみと日本酒を注いでくれます。あふれて受け皿にもお酒がこぼれます。

この升はあなたが幸せになるための器。注がれるお酒はあなたが満ちるための「幸せのお水」。そして受け皿にあふれたお酒は、「人を幸せにする水」とイメージしてください。

日本酒の升に注がれたお酒は**「あなたを幸せに満たしている幸福の水」です。**いいですか？**この受け皿にこぼれた分だけで、人を幸せにするんですよ。**

升に入っているお水を人のために使わないでください。升の中にあるお水を使うと、あなたは枯渇します。いつもあふれた分だけで、人を幸せにするんです。

ここでもう一つ、私が氣がついたこと。自分の幸せの器の大きさは決まっているということ。**自分がいつも満たされる器の大きさは決まっている**って氣がついたんです。

たとえば、私は起業したての頃本当にお金がなくて、食材も安いスーパーを見つけて買っていました。エリンギ29円とか、ホウレンソウ78円とかね。

今、おかげさまであの頃よりはお金に余裕が出てき

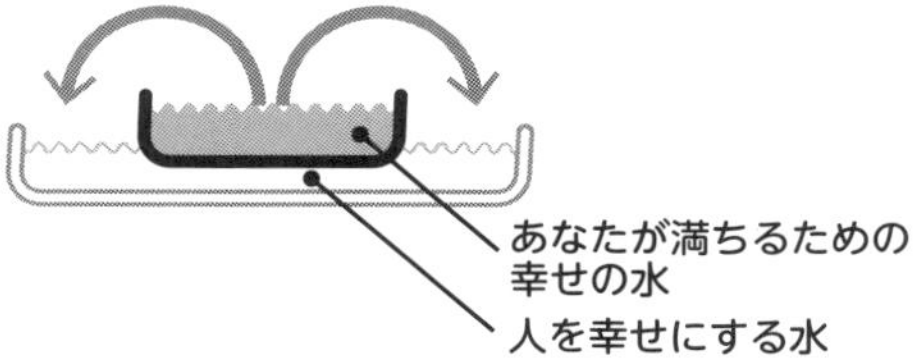

あなたの幸せが満ちるほど、人を幸せにする水が増える

ました。でもね、生活レベルが変わっていないことに氣づいたんです。今でも近くにある業務スーパーで買い物するし、着るものもたいして変わらない。

では残りのお金は何に使っているか？

「人が喜ぶ顔を見たいため」に使っているんです。

まず、自分を満たす。そして残りのお金で人を幸せにする。

お金が入れば入るほど、人を幸せにできる金額は増えていく。だって自分が満たされる金額は変わらないから。

幸せの器も同じです。ジャンジャン幸せの水を注いでください。するとね……こんな現象が起きるんです。

小さなタッパーに水を入れてください。このタッパーはあなたの幸せの器、水は幸せの水です。次に湯船にそのタッパー（幸せの器）を浮かべてみてください。

ここで、タッパー（幸せの器）の外にある湯船の水は、あなたの幸せの水がジャージャーあふれたもの。幸せの水にタッパー（幸せの器）が浮かんでいる状態になります。

そしてなんということでしょう！　あなたの幸せの器であるタッパーは、幸せの水にたっぷり浸かり、フワフワその中を泳いでいくんです!!

自分が幸せになればなるほど、あなたはそのお水の中にどっぷりつかり、その中をフワフワ泳いでいけるんです。

「もっともっと幸せになりたい」って思う人は多いですよね？　それはあふれた幸せの水が多くなればなるほど、まわりの人と一緒に幸せになれる。つまり、幸せの水の中を泳いでいけるということなんです。

幸せの水に包まれ、幸せの水の中を泳いでいけるということは、つまり**「いかなるときも常に幸せ。自分のまわりには幸せしかない」**ということ。

そしてこれも試してみて。

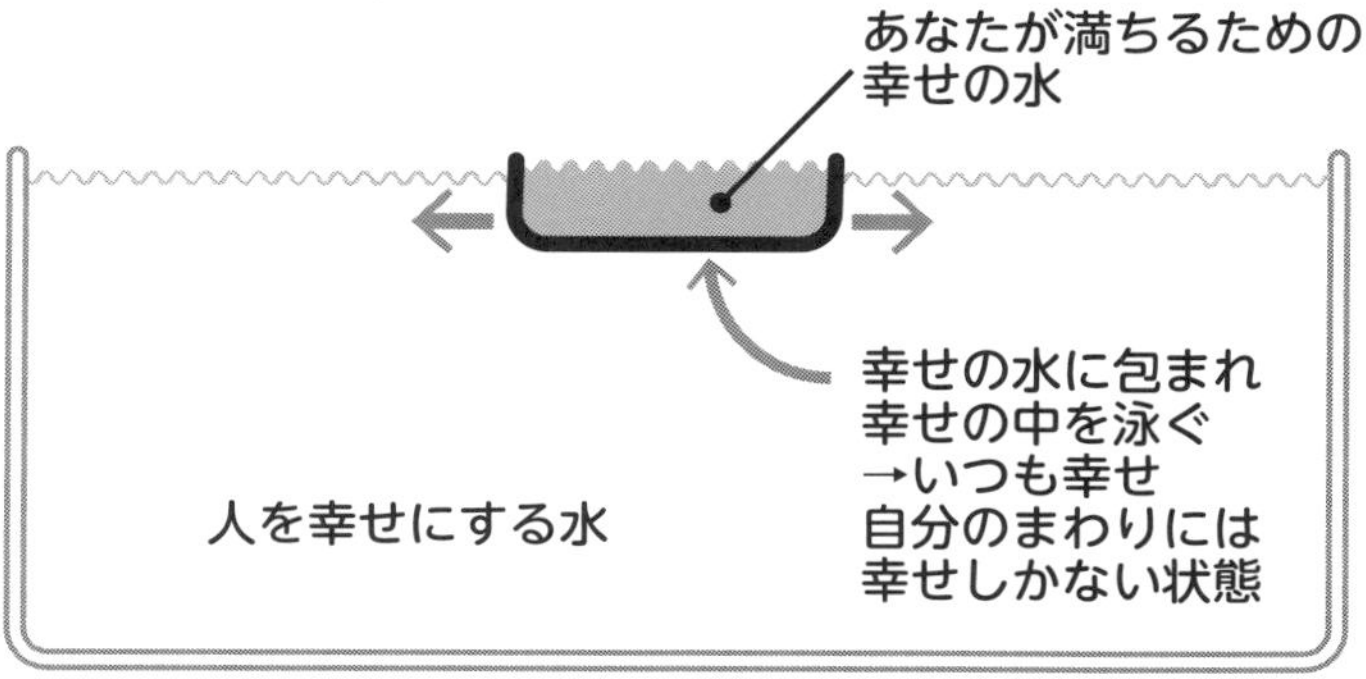
あなたが満ちるための
幸せの水
幸せの水に包まれ
幸せの中を泳ぐ
→いつも幸せ
自分のまわりには
幸せしかない状態
人を幸せにする水

「人のためにするけれど、自分にはしていないことを、自分にする！」

たとえば、ご飯を作るということ。自分一人で食べるときに作る料理と、人が遊びに来たときに作る料理って違いませんか？　私は、一人ご飯はフライパン一つでできて、ワンプレートで食べる。洗いものも少なくて済むし、合理的でしょ？

でもそんなふうに考えるようになって、いきなり人が訪ねてきても、「一緒に食べる？」と言えるようなご飯を作ることを意識したんです。器もお氣に入りのものを。箸置きもしっかり置いて。めちゃくちゃ心が満たされます。

あと花を買うようにしました。私、これまで生きてきて、最近初めて自分のために花を買いました。氣持ちが豊かになりますね。

そして人にプレゼントするものを自分に買う。私は、自分のためには絶対買わないもの！　たとえば、シャインマスカットなんて、自分一人で食べるには「もったいない」と、買うのを躊躇《ちゅうちょ》していました。が、自分のために買って食べてみました。

幸せでした〜〜！　すごくすごく氣持ちが豊かになりました。

氣持ちが豊かになると、余裕が生まれます。いつも自分を最高にメンテナンスしたうえで仕事ができるんです。人が喜ぶことを、まずは自分にやる。ぜひお試しください。

次のワークでは、あなた自身が「何をすればあなた自身が満たされるのか？」について探っていきます。

ワーク４

どうやって幸せの水を満たそうか？ 増やそうか？

●あなたが喜ぶこと、自分がご機嫌になることってなんですか？ いくつでも構いません。書いてください。書き方や内容がわからない人は、74ページのゆきちんの例を参考にしてくださいね。

●人のためにはするけれど、自分のためにはしないことってなんですか？

●自分をご機嫌にする方法を5つ以上あげてください（ただし、自分一人でできることで）。

ゆきちんの例です。私の「自分がご機嫌になること」は、次のようなことです。

・温泉に行く
・湯船に入る
・筋トレする
・マラソンする
・その後のお風呂&ビール
・あかすりに行く……などなど

ぜひ、こんな感じでいろいろとリストアップして、自分のためにしてくださいね。

「升《ます》のお酒」が枯渇してしまい ゆきちんが顔面まひになった話

好きなことを仕事にすると、いただいたお仕事、断れなくなります。だってせっかくいただいたのに、お断りするなんてもったいないじゃないですか！

私も「オファーくださったのに、お断りするなんて考えられない」と思っていました。少しでも稼ぎたかったからね。

でもね、そのうち本当に休みがなくなっちゃったんです。寝るとき、ベッドの横には常に携帯電話。いつでも出られるようにね。食事もパソコン作業しながら……。

だったら断ればいいのに、その勇氣もなくて。**「嫌われるんじゃないか」「生意氣だって思われるんじゃないか」「いい氣になってるんじゃない」**……

そう思われるんじゃないかって、怖くて怖くてね。

そんなある日、めまいが止まらなくなりました。2011年のことです。夜寝返りをうつと、寝返りによるめまいで眼が覚める状態でした。

そうしたら突然左半分の顔が動かなくなっていたんです。左半面、全く力が入らない。眼が閉じられないので、絆創膏を貼って眠りました。口も閉じられないので、汁物飲むとこぼしちゃう。

しわも一本もよらない。左顔面だけ20代！　みたいな状態！

当然医者からは「即入院しろ」と言われました。でも顔面マヒになった2日後、自社主催の150人ほど集まるコラボセミナーが控えていたんです。入院なんて考えられないし、もちろん中止も考えられない！

私は何食わぬ顔をしてやり通そうと思いました。でもどう見ても顔はお化けです。コラボセミナー当日、当然お越しくださった方々は私の顔を見てぎょっとし、固まっていました。

そのとき、初めてことの重大さに氣づいた私。「顔が半分動かない分、氣持ちは倍でお伝えします」といって、一所懸命お話し、乗りきりました。

そのときたまたま、顔面マヒを何人も治療されている鍼灸治療家さんがいらしていました。その先生に恵まれ、ほかにもたくさんの人に助けられ、後遺症もなく、奇跡的に3週間で治りました。

顔が落ち着いたころ、私は瞑想をし、心の中でもう一人の自分に聞きました。「なんでこんなことになっちゃったんだろう?」って。そうしたら、もう一人の自分が誰かに対して「ごめんなー、ごめんなー」って謝っているんです。

私はもう一人の自分に「誰に謝ってるの?」と聞きました。すると私、もう一人の自分にどなられたんです。「あほ! 自分の体にや!」って……。

続けてもう一人の自分はこう言いました。

「ゆき、お前はたくさんの人に迷惑をかけた。そのとき「ごめんなさい」「すみません」って、何度も何度も謝ったよな。

そして鍼灸の先生はじめ、たくさん人に助けてもらった。そのとき、何度も何度も「ありがとうございます」って言ったよな。

おまえ、一度でも**自分の身体に「ありがとう」と「ごめんなさい」って言ったか?!** このドアホ！！！！！」

涙が止まりませんでした。私こう思うんです。

自分に優しくならないと、相手にも優しくなれない。
自分を愛さないと、相手も愛せない。
自分を満たしていないと　相手も満たせない。
自分を褒めていないと　相手も褒められない。

私は、それからはちゃんと休みも取り、自分にご褒美を与え、いつも自分をご機嫌にする工夫をしています。

多くの人は自分をご機嫌にすることに罪悪感を覚える

あなたはいかがですか？
休んだら足もと救われる。
手を抜いたと思っちゃう。
自分ばっかりいい思いしたらバチがあたる。

休むこと、自分をご機嫌にすることに罪悪感がある人はいませんか？
わかるよ、よくわかるよ。でもね、なんで?! なんで、なんでーーーー??!! って感じです。

罪悪感は幸せの拒絶。自分を罰するエネルギーです。なんで自分に罰を与えなきゃいけないの？ こんながんばっているのに。こんな一所懸命生きているのに。

罪悪感は宇宙に飛ばしてください。逆に**自分をご機嫌にすることに罪悪感を感じたら、それだけ自分に余裕がなくて疲れている**と思ってください。

余裕のないあなた、疲れているあなたを人は選びませんよ！　お客様のためにも自分に最高のメンテナンスを！

いつも日本酒の升を幸せのお水で一杯にしてくださいね。

第4章

がんばらなくても うまくいく

～どうやって好きな仕事だけで 暮らせるようになったのか？

がんばっても欲しいものは手に入らない

さて、

「好きなことを仕事にするんだもん、がんばらなくちゃ」

「好きなことを仕事にするためにはいやなことも、やりたくないこともやるのは仕方ないよな。がんばらなくちゃ！」

そんなふうに思ってはいませんか？

少なくとも私はそう思っていました。ところが違うんです。**がんばっていやなことをしても、欲しいものは手に入りません！** ゆきちん、死ぬほどがんばって、がんばって、がんばったのに、達成できないことがありました。

ところが**あることをしたら、コインをひっくり返したようにあっという間に達成できた**のです。

まずはそのお話をお伝えしますね。その前に質問です。

あなたが「エネルギーとられるな～」「やりたくないけどやらなきゃいけない……」と感じている作業（行動）はなんですか？

考えながらこれから先をお読みください。

2014年、一人芝居を東京でやりたいと思い、年明け早々に会場を探しました。知人からの紹介で、通常一日100万で貸している会場を、50万で借りられることになりました。350名ほど入る会場です。

2公演やったとして350名×2＝700名。チケット1枚5000円にしても、350万の売り上げ。「これならいけるのではないか」と半年後の7月14日に開催することを決めました。

さあ～！　集客せねば!!と、チラシを4000枚刷りました。4か月前の3月末には告知開始。メルマガ、ブログ、フェイスブックで告知しまくりました。

ところが申し込みが入らない！　5月に入り、本番まで2か月を切りました。この段階で、申し込みは700名中50名ほどしか入っていません。


やばい！　やばい！！

イベントプロデューサーから「うちはイベント会社だから、集客のお手伝いもできますよ」と言ってくださったことを思い出しました。そこで、集客のお手伝いをお願いしたら、別途お金がかかるといわれました。

初めて聞く話!!　急に怖くなりました。一体、この舞台はどれくらいお金がかかるんだろう……そんなこともわからない状態で、公演をすることを決めてしまっていたことに、今さらながら氣がつきました。

「今回舞台にかかる見積もりを出してほしい」と、このとき初めてお願いしました（遅すぎますよね。笑）

すると50万円というのは、会場を借りる費用だけの話で、そのほか、照明機材、照明スタッフ、音響スタッフ、舞台監督、舞台裏スタッフ……もろもろ別にかかることがわかったんです。

上がってきた見積もりは400万円。めまいがしました。集客には広告宣伝費などまた別にお金がかかります。両方合わせて、軽く見積もっても500万円以上かかります。そこで、集客は自分たちですることにしました。

イベント会社で打ち合わせをした日の帰り道は忘れもしません。マネージャーと一緒だったのですが、横断歩道を渡ろうとしたら、足がすくんで動けなくなってしまったのです。マネージャーが駆け寄り「大丈夫ですか?」と声をかけてくれました。私はマネージャーの胸に倒れこみ「どうしよう……どうしよう……」と、声にならぬ声で叫びました。ものすごい吐き氣が私を襲ったことを覚えています。

初めて「中止にしようか」という考えが頭をよぎりました。でも「好きなことだもの！これくらいやらなきゃ！　がんばろう。うん、がんばろう！」と腹をくくったんです。

私の肩に、一氣に400万円と700人がずしっ！と乗った感覚を味わいました。

やるっきゃない。がんばるしかない！　今までの生徒さんや、住所を把握している人に

DMを送る。広告出しまくる。今までお仕事をしておつき合いのあった会社すべてに企画書持って、協賛のお願いに行く。

チケットを売るためにできることはなんでもやりました。

死に物狂いでした。とにかく必死！！　そんな中6月に入り、7月公演まで1か月を切りました。集まった人数は、700名中100名ちょっと。

ある朝、目が覚めたら突然心臓がどきどきしました。普通に寝ているのに、心臓が急にバクバクするんです。不整脈っぽい感じが何日か続きました。

そんなとき、大分県にお住いの私のクライアントさんから連絡をいただきました。

「宮北さん、大丈夫？　すごく心臓に負担かかっているよ。このままじゃあっちの世界いっちゃうよ。遠隔で氣を送るからね」と、遠隔ヒーリングのお仕事をしている彼女が、毎日私に氣を送ってくださったのです。

ほどなくして、身体は落ち着きました。でも体重は落ち、ふらふらでした。

そんな中、ふと冷静に考えました。「そもそも私、この舞台を2ステージやる体力あるのか？」

いまだに、お申し込みは入らない状態でした。事務局からは毎日申込者数の人数の報告が入る。ゼロの日が続きます。

公園の法則

ふと言響のスキル**「公園の法則」**を思い出しました。「最新の器具がついているジャングルジムで遊ぶ子どもたち」と「砂しかない砂場で遊ぶ子どもたち」の話です。

ジャングルジムにたとえ最新の器具がついていても、砂場で遊ぶ子どもたちのほうが心から楽しんで遊んでいたら、ジャングルジムの子どもたちは、ジャングルジムで遊ぶのをやめて、砂場チームに「入れて～」と寄ってくる。

「楽しんでいる人のまわりに人は集まる」という法則です。

今の私は「公園の法則」に反している……。もし砂場で遊ぶ子どもたちが目をギラギラさせて、ジャングルジムの子どもたちを呼んでも、絶対に来ませんよね？　それって、まさに今の私！　でもこのままでは楽しめない！　どうしたらいいんだ?!

まず**目標を立てると恐怖が生まれるから、目標を立てることをやめてみよう！**と思いました。とはいっても、正直数字は氣になります。目標を立てないことを意識したところで、行動が変わらなくては意味がありません。

「行動を変えるために、どう思考を変えたらいいんだ?!」　別の角度から考えてみました。

「自分にとって、楽しくてうれしいことはなんだろう？」

それは「客席が満席になること」。ならば、**「もう満席、キャンセル待ちの状態だったら、****今日自分は何をする？」**と自分に聞いてみたんです。

もし満席だったらやりたいことを書き出してみました。

- **台本の練り直し**
- **稽古**
- **歌のレッスン**

よし！　これをやろうと思いました。

事務局には「しばらく人数の報告はしないで」とお願いして稽古に集中しました。

……………………………………………………………

めちゃ楽しい……！　今まで死んでいた細胞が音を立てて喜んでいるのが、はっきりわかりました。そんな中スタッフの下見がありました。

スタッフの下見とは、事前に舞台監督さん、照明さん、音響さんに、当日やるお芝居を見せることです。それで、本番当日の舞台セット等考えてくださいます。すると照明さんが私たちの舞台を見て「これすごくいい!!」と、めちゃくちゃ感動してくれたんです。「すぐ、照明の絵コンテを作成しますからね。楽しみに待っていてくださいね」。照明さんは興奮しながら言ってくださいました。

そして数日後、照明の絵コンテが上がってきました。

しびれました!!　なんとその照明さんは、プロジェクションマッピングを開発されたメンバーのお一人だったのです。その技術が、お芝居の随所に活かされています。照明技術の粋を集めた演出の中でお芝居が進むのです。

こんなにすごい照明でお芝居ができるのか!! **体中の細胞がぞわぞわしました。**そして心から思いました。「こんな素晴らしい照明のもとでお芝居できるなんて、なんて幸せ！　なんて楽しいんだろう！　絶対見に来てほしい！！　こりゃ、見なきゃもったいないよ」

そうしたら……**申し込みが入り出したんです。**しかも「7枚」とか「10枚」の、まとまった数のお申し込みです。

結果、7月の本番までに、600人を超える人を集めることができました。3週間足らずで500人以上のお申し込みが入ったのです。なぜ3週間足らずでそんなに売れたか、自分でも正直わかりません。でもね、そのときこんなことがありました。

私のメルマガの読者さんから**「ゆきちん、6月中旬くらいから文章の雰囲氣変わりましたね。なんかすごく楽しそうな雰囲氣が伝わってきて、思わず僕も申し込んじゃいました」**ってメールをいただいたんです。

死ぬほどがんばっても、100枚も売れなかったのに。このときのゆきちんの学びです。

「楽しいことを徹底的にやる！　するとエネルギーは動く」

さて、あなたの「やりたくないこと」ってなんでしょう？　次のワークで見ていきましょう。

ワーク5

「やりたくないこと」をあぶり出す

●あなたが「エネルギーとられるな～」「やりたくないけどやらなきゃいけない」と感じている作業（行動）はなんですか？

たとえば今までにこんな方がいらっしゃいました。

・事務作業
・ＳＮＳを使った集客
・家事！

こんなふうに、端的に書いていただいてもよいのです。

もちろんやらなくてはいけない、やらなくては前に進めないこともあるでしょう。でもそれを**「人にお願いする」「別の方法を考える」など工夫してほしい**のです。

「楽しいことを徹底的にやる」に集中してください。先ほど、「もし満席だったら今日何をするか」という自分に対する問いに、「台本を読み込む、稽古、歌のレッスン」と書きました。

これってね、**やりたいことでもあり、「自分にしかできない」という自負心でもあるん**です。やりたいことで、しかも自分にしかできないことをやっているときって、本当に楽しいです。

意欲も湧きます。それが人に伝染して物事って動き出すんじゃないかな。「公園の法則」のとおり、人は楽しそうな人のまわりに集まるもの。そのためにも、**自分がやりたいこと、自分にしかできないことだけをやる。**

やりたくないことはやらない。

ぜひ「やらないこと」を決めてみてくださいね。

がんばらないで、うまくいくコツ1
「形にすることを急がない」

形にすると安心します。だから、「早く形にしよう」「商品化しよう」とがんばります。すると、がんばっているうちに**「なんのためにこれをやるのか」の見えない部分がおろそかになり、見栄えだけよいものが完成します。**

でもそれは砂の城、三匹の子豚の藁《わら》のお家みたいなもので、中味はスカスカです。結果、その中身を埋めるためにがんばっちゃいます。という私も、形にすることを急いでしまった経験があります。

そもそも言響は役者のスキルを一般の方々に活用できるようアレンジした、全くのオリジナルメソッドです。当然形がないわけです。「これで人々に通用するのか」。常に不安でした。

そんなとき、ある心理学セミナーと出会います。とにかく早く形にしたくて、この形のないコンテンツが通用するのかどうかを確かめたくて、セミナーに申し込みました。そうしたらすごく楽しかったんです。「こうやって形にすればいいんだ！」と腑に落ち、私のメソッドもうまく形にできると思いました。私は迷うことなく、次の応用編も申し込みました。

でもあるとき「はっ！」としました。「私、この心理学セミナーの形を真似ている」。すごく危険だと思いました。このままいったら、私はこの心理学セミナーと同じような形でやってしまう。それって**別に自分じゃなくてもできること**ですよね。なんのために起業したのかわからん！　そう思い、思いきって途中でやめました。

最初から完璧なものをつくろうとしないこと。

「なんのためにやっているのか」。そこを丁寧に丁寧に積み重ね、目の前にいるお客様と一緒にコンテンツをつくっていってください。早く形にすることをがんばらないでください。

がんばらないで、うまくいくコツ2「こだわっていることにこだわらない」

自分のこだわりにこだわると、時にかたくなになります。「こだわり」と「かたくな」は違います。

まわりと自分を比較し、「私はこうだから」とかたくなにがんばって戦ってしまうことはありませんか？　こうすれば相手は喜ぶんだろうなってことはわかる。でも、自分にもこだわりがある。そこは崩したくない。結果、がんばって戦ってしまう。

楽しくないよね。

こだわっていることにこだわらなくなるって、実は空氣を吸うくらい無意識です。たとえば隣で、呼吸が荒々しい人がいても氣にはなるけど、自分のペースは保てるよね。また走るとき、呼吸のリズムを臨機応変に変えることも怖くないよね。当たり前になってくると、まわりが氣にならなくなる。変化することも怖くない。

今までのやり方にこだわらず、昨日決めたことにこだわらず、かたくなにならない。

毎日変わりゆく中で、いつも正直に、そのつど変わり続ける自分を信じてください。そんな自分にこだわってほしいな、と思います。

がんばらないで、うまくいくコツ3
「恐れを手放す」

「未来が怖いから●●をがんばってやる」「昔、いやな経験をしたから●●をがんばる」など、怖いからがんばっちゃうことありませんか？

多くの人は

A：まだ見ぬ未来に対して
B：過去のいやな経験
C：「ない」にフォーカスしたとき

このいずれかで**恐れが生まれます。**これらを手放せたら素敵ですよね？　ではどうすれば恐れを手放すことができるか。ひとつひとつ解説します。

【A：まだ見ぬ未来に対して】

行動したときのことを思い描いてください。**まず「心で」行動したことを思い描きます。**ワクワク、ドキドキ、その時に湧いてきた**感情を味わってください。**

次にその**思い描いたことを「頭で」考えてください。**そのために何をすればよいのか、誰に相談すればよいのか、

お金はどれくらいかかるのかなどなど、考えることはいっぱいあるはずです。そうすると、**思い描いた行動に対して少し冷静に考えることができます。**

冷静になったらまた「心で」思い描きます。思い描けたらまた「頭で」考える。これを何度か繰り返します。

そして**最後は「心で」思い描きます。納得できたら前に進めます。**

未来って見えないですよね。でもそこに今「見えるもの」「在るもの」をからめると安心しますよ。

たとえば何か新しい講座を考えるとき、すでにいらっしゃるお客様を思い描きます。「Aさんが喜ぶことって何かな?」「何をすればBさんは助かる!って言ってくれるかな?」と、すでにいる人をベースに新しいものを考えると、イメージしやすく安心して前に進めます。

【B：過去のいやな経験】

過去のいやな経験があると、「またあんな思いをしたくない、傷つきたくない」になりますよね。そんなときは**「でもそれは過去のこと。今は違うよね」**と、おまじないの言葉をかけてみましょう。

私は過去、すごく慕ってくださる方がいました。でも急にいなくなってしまうんです。あんなに「ゆきちんの言うこと全部やります」「ゆきちんの講座全部受けたい！」と言ってくれていたのに……。過去に何度かさびしい思いをしました。

するとね、怖いんです。今でもゆきちんにぐーっと近づいてくださる方々がいらっしゃると、うれしいけど怖い。「ゆきちん、ゆきちん」と言ってくれればくれるほど、「また離れるんじゃないか、急にいなくなっちゃうんじゃないか」って怖くなるんです。

私はそんなとき、前述の「でもそれも過去のこと。今は違うよね」と言い聞かせています。何かしてもらったら「うれしい～～」と、**今を感じよう。今を全身で味わおう。「今を正直に生き、感じて、行動しよう」**って言い聞かせています。そうすれば**今の積み重ねが未来だから、今が幸せならば未来も幸せ。**

今を正直に生きないと、今を堂々と生きないと、モヤモヤは溜まり、恐怖心が増すんじゃないかなと思うんです。

【C：「無い」にフォーカスしたとき】

たとえば「○人しか集まっていない」「売り上げが激減している」と、無いもののことばかり考えていませんか？

今、在るもの、目の前にいる人に集中しましょう。大切にしましょう。「これしか集まっていない」と、ないものに目を向けるのではなく、「これだけ集まった！」と、いる人を思いっきり楽しませる。満足させる。

たとえば１００人入る会場に、20人しか集まらなかったとします。そのとき、「どうすれば残り80人集めることができるだろう」ではなく、**「どうすれば20人を500％満足させられるだろう」**と考えるのです。

100％ではない、500％です。すると来た人は、めちゃくちゃ満足して「あのイベントよかったよ」と言うようになります。一人が５００％と、５倍満足して５人に声をかけたらどうなりますか？　はい！　５人×20名＝１００人の人がお越しになるということです。

頼まれてもいないのに「あそこのパン屋さんめちゃくちゃ美味しいよ！　近くにいったら絶対行って！　間違いないから」と言ってしまうことありませんか？　私はあります！　私を５００％満足させてくれたパン屋さんに、かなりの人を紹介しています。

まさにそれなんです。**あるものに目を向けてその人たちを５００％満足させる。すると、彼らは人に紹介せずにはいられなくなります。**

第5章

うまくいかないとき……どうする？

～悩んだとき、落ち込んだとき、どうやって決断したのか？

何をやってもうまくいかない!!

「人が集まらない」
「次の商品が思い浮かばない」
「売り上げが伸びない」
「どうみても八方ふさがり」
「何をやってもうまくいかない」
「限界を感じる……」

などなど、好きなことを仕事にしていても、さまざまな壁にぶち当たります。私も実にさまざまなことがありました。正直、そのときの自分は「乗り越えた」という感覚はありませんでした。必死でしたから……。

でも存続してきている今、振り返ると氣づきがいっぱいあったんです。**「あ~乗り越える**

ためにこんな行動していたな」「こんな考え方していたな」って。

私がどうやって乗り越えたか、どのような視点から見つめたか。私の経験が何かヒントになれば幸いです。

この章ではゆきちんが何をやってもうまくいかなった体験談と、どうやって乗り越えたのか、そしてあなたはどうすればよいか、カテゴリーごとにお伝えします。

何をやってもうまくいかない
その1「集客」

まず多くの人が一番にあげる悩みです。私も、役者時代から集客の悩みはつきものでした。劇団時代には観客動員のノルマがありました。公演ごとに役者一人につき、●●人の観客を動員するよう決まっていたのです。ノルマを達成しないと、ギャラから引かれるという厳しい環境でした。

芸能事務所に所属しても、マネージャーが私を売り込むために、テレビ局や制作会社に営業に行きます。すると必ず聞かれるのが、「宮北さんを使うと、視聴率何パーセントとれますか？　チケットは何枚売れますか？」だったんです。

「この人はどのくらい人を集められるのか」が、仕事を獲得するための最重要事項だったんですね。

言響を立ち上げてからも、**集客にはものすごいエネルギーを使いました。**起業したばかりのころはチラシを作ってポスティング。常に持ち歩いて、会った人に渡す。

メルマガを毎日書きました。開封率&成約率を割り出すために有料のメルマガスタンドを使用しました。

ヒットするタイトルを勉強したり、高額商品販売のために、お客様を惹きつけるメルマガの書き方を習ったりもしました。おかげさまでメルマガが集客に結びつく、一番強いツールになっていきました。

ところが時代の流れとともにメルマガは読まれなくなり、開封率がドンドン落ちていきました。当然講座のお申し込みも減りました。

「何か別のやり方を見つけなくては！」と思い、SNSをやりました。ブログ、Facebook、YouTube、Twitter、インスタグラム……。

「今、これが効果あるらしいよ」と言われたものは、ひととおりやりました。

でもどれも**一時はよくても、流行りが終わると次のやり方。しばらくするとまた、新しいやり方を見つけて乗り換える……の繰り返し**でした。


と、まあこのように、集客に並々ならぬエネルギーを注いでいました。正直ものすごい消耗でしたし、集客の準備をする時期になると、氣が重くてしかたありませんでした。

「表現塾、最低●名は集めなくては」

「前回、表現塾序章からの成約率は●%だったから……」

「ということは、今回最低●●名集めないと、目標人数集められない」

そんなことばっかり考えていました。でも自分で経営する以上、これは避けられない、やらなくてはいけないことなんだろうとも思っていました。

苦しかったーー！

何度も何度も、「この集客のエネルギーを、コンテンツを作るエネルギーや、セミナーをやるエネルギーに持っていけたら、私、もっともっとすごいことできるのに」って思っていました。

そんなとき、ある方から「しんちゃんに会うと集客に対する考え方変わると思うよ」と、彼をご紹介いただきました。

しんちゃんって、ファイナンシャルプランナーさんなんですが、1000人以上のお客様がいらっしゃいます。しんちゃんに相談したいという方々が300人待ち。日本国内で150万人いるといわれる保険業界の営業マンの中から、トップ・オブ・ザ・テーブル（TOT）というタイトルを取得。保険業で日本一のトップセールスマンなんです。

さぞかし新規顧客を獲得するために、さまざまなマーケティング戦略を立てていそうでしょ？　ところがしんちゃんのやっていることは**「幸せのシャワー」**。「はあ?!」って感じですよね。どういうことかというと、

・毎朝浴びるシャワーは「幸せのシャワー」とイメージする。

・今浴びているのはお湯じゃない、幸せそのものなんだ～と本氣でイメージする。するとまわりも幸せになる。
・そうやって自分を満たしたうえで目の前の人を笑顔にすれば、それが次のステージへと通じる「奇跡の扉」を開くことになる

マーケティングも戦略も全くなし！「幸せのシャワーを浴びる」だけで、毎月億単位の売り上げをたたき出した方なんです。衝撃でした。こんな「やり方」で成功している人がいるんだ！私もこういう「やり方」で人を集めたい!!めちゃくちゃ響きました。

よし！**目の前の生徒さんと徹底的に向き合おう！笑顔にしよう。それが次の扉を開く!!**と決めて、講座をやりました。

すると、今までにない動きが出たんです。確実に変わったことは、**何も言わないのにメンバーさんがブログやライブ配信で言響を紹介してくださいました。**「○○さんから薦められました」と人からの紹介が増え、体験セミナーにお申し込みもいただきました。

「よ～し！これで次回の表現塾序章の申し込みはばっちりだ！きっと即満員御礼にな

るぞ～」とウキウキしていました。

ところが告知をしたら申し込み者、2名……。そのとき私が思わずつぶやいた言葉は、「2名しか申し込みがない……。あんなにみんな『いい！　いい！』と言ってくれているのに……」。

「やっぱり私には無理なのか？」「目の前の人をまだまだ幸せにしきれていないのか」するとまた、だんだん次のような考え方が頭の中に湧いてきました。


「このままではまずい。告知メルマガを増やしたほうがよいのか」

「ブログやライブ配信でガンガン告知集客したほうがよいのか」

「見込み客に追客メールしたほうがよいのか」


料金設定が問題なのか？

告知文が響かないのか？

動画を入れたほうがいいのか？

うちの商品が欲しい人に届いていないのか、ならば届けるために何をすればいいのか？

また従来の「やり方」にグルグルしだしちゃったんです。考えたとたん、すごく、すごく、氣が重たくなりました。

もうこの「やり方」には戻りたくない！　申し込みが無いと、また何か「やり方」を変えようとする。これまでも、さんざんこねくり回してきたのに……。

そのときふと思ったんです。

「元から絶たなきゃだめ〜！」

「やり方」じゃないんじゃないの？　今までさんざん「やり方」に追われてきた。

でもどれも鳴かず飛ばずじゃないの。このやり方じゃなかったら、どのやり方？　いつもいつもやり方に追われて……。**やり方を求めているうちは無理なんじゃないの？**

そしてストンときた言葉。

「やり方じゃない、『あり方』なんだ！」

あり方とはどういうことか？　まずは**大前提で自分を満たす。とことん自分を甘やかす。**

自分に最上級のおもてなしをする。甘やかすとは自分にとって心地よいことだけやる。心地よくないことはやらない。あふれた分で人を幸せにする。

集客のことを考えるのは、私にとって心地よくない。だから告知はするけれど、集客しない。そのうえで……。

「自分がピン！と来たことをやる」

そのピン！は目の前にいる人をしっかり見て、自分も楽しくてその人が喜んでくれるものでピン！と来たもの。

自分も楽しくてその人も喜んでくれるためには、大前提**「自分が満たされていること」**。自分が満たされると氣持ちが前向きになります。前向きになると、物事に対して好奇心旺盛になります。結果、情報収集するためのアンテナが立ってくる。

これが「ピン！」です。

そんなことを意識したあとの私の講演会、告知からたった4時間で満席になったんです。

私はただ、これだけのことをしました。

・自分を満たす

・自分がピン！ときたことを告知する

やり方にさんざん振りまわされてきたゆきちん、はっきり言います。

集客にやり方なんてない!! 今までゆきちんが集客にかけたエネルギーは、**【商品をつくる】：【集客】**で、昔は40：60でした。いや、30：70かもしれません（汗）。

これを、目の前の人に集中して、

【商品をつくる】：【集客】＝100：0にする。

するとまわりが勝手に広げてくださるんです。これが口コミです。

もちろん、時に焦って、またいろんなやり方で集客しそうなこともあります。なんたって役者時代から、40年近い集客の垢が染みついていますから……。

でもそんなときは自分にこう言い聞かせています。

「3歩歩いて2歩下がる。で、また前に進む。でも進む道はすでに1度歩いているから歩きやすくなっているよね」

2歩下がったとき、くれぐれも自分を責めないでください。「あ～、またくせが出ちゃった～」とユルユルにして徹底的に自分を甘やかしてください。

ここでもう一度、次のワークで「自分を満たす」ということについて考えてみましょう。

さらに深い氣づきがあるかもしれませんよ。

ワーク6

自分の「幸せのあり方」をもう一度考える

●これは第4章に書いたお風呂の話に通じます。今一度、72～73ページの「あなたが喜ぶこと、自分がご機嫌になることってなんですか？」「人のためにはするけど、自分にはしないことってなんですか？」について、見直し、追記してください。

for example

ゆきちんは「幸せのあり方」について、再度考えてみたときに、次のような答えを出しました。

・自分をコントロールしているものを外す
・自分に正直である
・納得してから行動
・成長と変化を感じられる生き方

何をやってもうまくいかない
その2「全部自分で抱え込んでしまう」

最初はできるだけ節約したいから、全部自分でやる。ところがだんだん時間がとれなくなっていろんなことがあとまわし。中途半端なままになっている方へ。

私もそうでした。

言響は2006年、ゆきちん一人でスタート。チラシ、サイトづくり、会場押さえ、メールのやり取り、告知、外部交渉、ギャラ交渉、すべて一人でやっていました。

5年過ぎたころ、一人でやることの限界を感じていました。といって、社員を雇う、固定給を払うお金もありません。

いや、もし人を雇うにしても、言響は私にとって、子どもみたいに大切なもの。事務的に作業として仕事をされるのはいやだったんです。「仕事ができる、できない」ということよりも、**まずは言響のファンであってほしい。**

これは**私の中で譲れないこと**でした。

そんな中、先に書いた顔面まひを起こしてしまい、もう限界！　メンバー内で見つけようと動き出しました。そして、今の事務局長でもある、言響インストラクター白畑裕史さんとの出会いがあったんです。

言響を大切にしてくださる、また社会経験も豊か。「この人だ！」とピン！と来てお手伝いをしてもらいました。白畑さんはほかのメンバーの人望も厚く、私とメンバーさんの橋渡し的な役を担ってくださり、大正解でした。

2019年から2020年にかけて、白畑さんには年齢的にもキャリア的にも、次のステージにいってもらいたいと思いました。そこで言響と経営スタイルが似ている、大切にしていることが似ている、ある経営者さんに、「誰かいい人がいたら紹介してほしい」とお願いしたんです。

それが今の事務局の水谷美根子ちゃんです。これまた大正解でした。水谷さんは仕事ができるだけじゃない。言響に興味を持ち、時に生徒さんとして申し込みをされるんです。

水谷さん自身、言響を必要とされている人なんだなと肌で感じました。

そのほか、セミナーのサポートは言響インストラクター、准インストラクター有志にお願いしています。

インストラクターも、准インストラクターも、言響で大きく人生が変わった人たちです。自分も受けてきた言響表現塾も、どのようにサポートしてもらったらうれしいか、自分が歩んできた道だからわかるんです。下手をしたら私よりわかります。**自分たちがやってもらってきたことだから、すごく愛がある**んですね。

おかげさまで、今ゆきちんは一人で抱え込むことなく、いろいろな方に振って「自分がやりたいこと、自分にしかできないこと」だけで毎日を送っています。

素敵でしょ？

ぜひあなたも、次ページのワークをやって「自分がやりたいこと・自分にしかできないこと」だけで毎日を送ってください。

ワーク7

「自分がやりたいこと、自分にしかできないこと」に氣づく

●自分が人に仕事を依頼する際「これだけは譲れない」ものはなんですか？

・例　納期を守る、アイディアを積極的に出してくれる　等。

●仕事を整理してみよう

A自分にしかできないこと・自分がやりたいこと

Bほかの人でもできること・人に振りたいこと

for example

●自分が人に仕事を依頼する際「これだけは譲れない」ものはなんですか？

「仕事ができる、できない」ということよりも、まずは「言響のファンであってほしい」。これは私の中で譲れないことでした。

●仕事を整理してみよう

A 自分にしかできないこと・自分がやりたいこと

＊講座のコンテンツを考えること
＊講演やレッスンをすること　等

できる人に振っていきましょう。ただし人に振ったことに対しては、完全にハンドルを渡すこと。徹底的に自分は助手席に座ることです。でも何かあったときは、自分で責任を負う覚悟を持ってくださいね。だからこそ1番目の「これだけは譲れない」ものを条件として満たしていることが大切なんです。

何をやってもうまくいかない
その3「売り上げが上がらず、お金が減っていく」

好きなことを仕事にして何が怖いって、人それぞれあると思いますが、私は**「お金が少なくなっていくこと」**でした。

「お金がなくなるってこんなにエネルギーとられるんだ」

「逆に入ってくるとホッとする」

「でもまたいつ減るかと思うと不安でたまらない」

いつもお金に振り回されている自分がいました。

「お金がない。減ってきている」と口に出して言うと、立ち直れなくなりそうな氣がします。弱さに飲み込まれそうな氣がするんです。

お金は大事です。好きなことで思いっきり仕事するためにも、**お金は「心の保険」**として本当に大事です。私は今でも正直、お金に対する不安があります。でも昔に比べたら10分の1くらいに減りました。

では**どうやってお金の不安から抜け出したか。** お伝えしますね。

まずお金がなくなっちゃった体験話から……。

創業してから3年間、2足のわらじで個人事業主としてやっていました。２００９年 出版が決まりました。ちょうど話し方のブームで、立て続けに一年間で2冊本を出しました。「よ～～し！ 波が来た！」と ブライダルの司会を辞めて言響1本に絞りました。ところが、本を書くことに必死になり、あっという間にお金がなくなっていったのです。貯金はぐんぐん減りました。残高が0近くなって、保険を崩しました。

ある日ふと**お財布を見たら63円しかなかった**んです。パンが半額になっても買えない(汗)。朝起きて、神棚に手を合わせるときには必ず、「今日、○○さんからの受講料が振り込まれていますように」「セミナーの申し込みが入りますように」。そんな日々でした。

いよいよどうしようもなくなり、融資を受けることを決意しました。ところが個人では本当に借りられない！

そんなときに、今の税理士との出会いがありました。「法人にしたほうが借りやすいですよ」と教えてもらい、２００９年に言響を法人化しました。税理士さんの信頼もあり、日本政策金融公庫から融資を受けることができました。

でもあっという間に融資を受けたお金もなくなっていきました。

その当時ゆきちんは、「アルバイトをすることはダメなこと」「起業したのにアルバイトなんてかっこ悪い」「それは逃げだ」と思っていたので、いっさいアルバイトはしませんでした。

でもいよいよ底をつきかけたとき「かっこつけている場合じゃない！」と自分に言い聞かせ「アルバイトをしてもいい」と許可を自分に出したんです。

カッコつけるって現実逃避だからね。現実と向き合っていないよなって思ったんです。

ただし、言葉の使い方に氣をつけました。**「お金がないからアルバイトをするのではなく言響を存続させるためにアルバイトするんだ！」**と、自身に言い聞かせました。そうじゃないとみじめな感じがしたんです。
そう自分に言い聞かせ、2つのアルバイトをしました。おかげさまで63円の危機からも脱出して、会社はまわり始めました。

これらの経験からの氣づきは

「補助金・融資は消えるお金。消えてからが勝負！」

それではここからもう少しお金について具体的にお伝えしていきます。

補助金、融資について

起業したら、補助金（返済しなくてよいお金）に関する情報は持っておいたほうがいいと思います。
私はメンバーに行政書士さんと資金調達士さんがいらっしゃるので、彼らとこまめに連絡とって、情報を入手しています。

融資（返済しなくてはいけないお金）はいろいろな考え方があると思います。

「ほかを頼らず、自己資金でできる範囲で事業をする」。これも素晴らしいです。

「融資が受けられるのも実力がある証拠。返せる能力があると向こうは思っているわけだから、心の保険として融資を受ける」。これも素晴らしいと思います。

お金に対する考え方・価値観は人によってさまざまです。

ゆえに**「自分だったらどうするか」**という考えをしっかり持ってください。

あと融資を受ける場合**「どこから融資を受けたらよいか」。これも専門家と相談して慎重に選んでください。**

ただ補助金にしても融資にしても、これらのお金は一時的なものです。入手してもすぐになくなるものだと思っていてください。無くなってからが勝負です。それまでに**力をつける一時金**だと、私は自分の経験から思っています。


コロナになって、個人にも法人にもさまざまな形で補助金が出ました。

でも先にも申し上げたとおり、これらのお金は一時的なものです。無くなってからが勝負です。私も過去の経験から**「この補助金はどうせなくなるもの。ならば守りに使うのではなく新たなスタイルで事業をするための準備金に充てよう」**と思いました。

そこでオンライン機材をそろえ、引っ越しをしました。


それまでは40人くらい入るスタジオを田町に構えていました。

私は、コロナで仕事がゼロになったとき、ガランとした誰もこないスタジオを眺めて思いました。

「コロナになって、40人がいっせいに集まれるときってどれくらいあるんだろう。これからの時代にあった空間ってなんだろう？」

何度も何度も考え悩み、引っ越しを決意したのです。

当たり前ですが、莫大なお金がかかります。40人が入るスタジオの原状回復するお金、引っ越しに伴う敷金、礼金、それだけでも数百万かかりました。

でも逆にこれだけ大きなお金を動かせるのは今だ！って思ったんですよね。

補助金で結構いただいていましたから。

どうせなくなるお金。ならば守りではなく、これからのための準備金として使おう！

これは私にとって当たり前でした。

今、オンラインでもリアルでも、十分に対応できる

補助金を使って買い揃えたオンライン機材

形が整い、事業をしています。

そういう心構えで融資や補助金のことを考えられるとよいと思います。

補助金や融資はあっという間に消えるお金。

とはいえ、やっぱり売り上げが少ない月もあります。それが続くと不安になります。

「これ以上お金が無くなったらどうしよう」「家賃が払えなくなったらどうしよう」そんなときのゆきちんの口癖は「生きていけなくなる」でした（↓この日本でそんなことないんですけどね）。

そうするとね、昔からなんですが、**お金が減るとお金を追うようになる**んです。

お金を増やすこと、少しでも手元に残すことにエネルギーを注ぎます。

できるだけお金を使わない節約生活に入るんです。あなたはいかがですか？

補助金や融資のようにポン！と入ってきたお金はドンドン使える。減っても怖くない。でも自分で汗水流したお金は減るのが怖いんです。面白いですよね。

そうすると毎日がドキドキ、ちまちました生活になるんです。「今死んじゃったら絶対後悔するな～」みたいな毎日。それって楽しくないですよね。そんなとき、ふと考えました。

「今、充分なお金があったとしたら何をしたい？」

ぜひ、あなたも考えて、次のワークで書き出してみてください。

私はこの質問を自分にしてまず思ったこと。「っつーか、充分なお金っていくらよ?!」

そして今あるお金を計算してみました。将来のために積み立てている積み立て保険や株なども計算したら、結構あったんですね。

そうしたら、なんだかホッとしたんです。まさに**「在るものに目を向けたとき」**でした。

ワーク8

お金について

●今充分なお金があったら何をする?

●そこからの氣づき

●あなたはどういうお金を作っていきたいですか？　お金とどう向き合っていきたいですか？

ゆきちんの例です。

●今充分なお金があったら何をする？

・サロンを整える、リメイクする
・勉強する
・氣のよい場所に旅行に行く

●そこからの氣づき

・別に充分にお金が無くてもできることでは？
・ゆきちんは自分やまわりが「変化」したり、「成長」したりすることに使いたい

●今あなたはどういうお金を作っていきたいですか？　お金とどう向き合っていきたいですか？

ゆきちんの場合、「ゆきちんが変化、成長する。成長してあふれたものを、人さまにお伝えし、買っていただく。そこでお伝えすることでゆきちんはまた成長できる、そんなお金

の流れを作っていきたい」と書きました。

お金が減っていくときは、お金を増やすことにエネルギーを注ぐのではなく**「自分を満たす量を増やす。自分がさらに変化し成長する、できることに時間を注ぐ」**。すると自分を満たし、器からあふれる部分が増えて（67ページの図参照）、あふれた分で人を幸せにし、結果、お金が巡るのではないかって氣がつきました。

お金に対する考え方や価値観は、先にもお伝えしたように、人それぞれに違います。ぜひこのお金のワークの質問に答えていただき、そこからご自身であぶり出してみてくださいね。

何をやってもうまくいかない
その4「自信を無くし、人に依存してしまう」

何をやってもうまくいかないとき、当然自信を無くします。経験のない自分。その分野に長けている人に丸投げしたくなります。だってその世界で成功している人に丸投げしたほうがうまくいきそうな感じがするじゃないですか。

ところがね……そうでもないんですよ。

もちろん、それでうまくいく場合もあるかもしれない。でも**自分が自信を無くしているとき、たいてい甘い声をささやく方々が現れる**んです。油断すると体調崩すみたいに、すきがあると、すべてを委ねたくなっちゃう人や事柄が現れるんです。

私の場合、自分の心が弱っているときに現れた人は「100万出してくれたら、それ全部引き受けるよ」という親友でした。

でもその当時100万は私にとって最後の砦《とりで》でした。それを渡してしまったら本当に一文無しになる状態だったんです。でも長年の親友だし、任せちゃおうかと何日も悩みました（詳しくはとてもここには書けないので、ご興味ある方は190ページにある「ここには書けない暴露話」からご覧ください）。

結果、渡さずして終わったのですが、あとから聞いた話では、私が長年親友だと思っていた人は、詐欺まがいなことをしている常習犯でした。

ほかには、自分の心が弱っているときに現れた人は**「強い人」**でした。

「宮北さん、こうすれば間違いないよ」

「宮北さん、すぐこのセミナーを受けたほうがいい」

「宮北さん、この人紹介する。すぐ来られる？」

完全に強い人に依存していた私は、抵抗がありながらもそれに逆らう勇氣もなくて、言われるがままにされていました。でも、物事はよくなりませんでした

（このあたりも詳しくは190ページにある「ここには書けない暴露話」からご覧ください）。

ゆきちんが自分の心が弱くなったときに出る傾向として、

・人に怒られるときも行動するようになる。顔色をうかがってしまう
・人間関係にはまったとき、同じ人間関係のままその隙間を埋めようとする

ということがわかりました。

そこから自分に言い聞かせていること

自立する！　精神まで相手に委ねるな。ここは仲良しグループではない!!

言響の理念の一つに「自立と共助」があります。自立したもの同士が共に助け合う世の中にしたい。それは自分自身に言い聞かせていることでもあります。

・自立した航海をしよう。そうすれば、年齢を重ねて体力は落ちても人間力は上がる
・一人でもOK。みんなといても幸せ。そこからまた一人になっても幸せと決める

・人は流れゆくもの。離れていく人を追わない。それは自然な流れである
・「納得」してから行動する。納得する前に行動しないこと
・嘘をつく人とは会わない。空氣を読むような場に行かない

それこそ私は強い人から「宮北さん、このセミナーを受けたらいいよ」と言われたら、即行動する人でした。でもそれは自分が納得して行っていたわけじゃないんです。その強い人に「宮北さん、さすが！　行動が早いね。こういう人はできる人だよ」という言葉が欲しかっただけなんです。

そして何よりも**「自分が自分でいられること」**が大切ですよね。あなたにとって、自分でいられるために大切なことってなんですか？　次のワークでは、そのことについて考えてみましょう。

ワーク9

自分の思考癖を知る

● あなたがよく陥る思考癖・パターンはなんですか？

● そうなったとき自分に言い聞かせることはなんですか？　何をやりませんか？

●あなたがあなたでいられるために大切なことはなんですか？

for example

前でお伝えした経験をもとに、ゆきちんは次のように答えました。

●あなたがよく陥る思考癖・パターン

自分を責める。強い人が現れたとき、従ってしまう。　等

●そうなったとき、自分に言い聞かせることは何？　やらないことは何？

空気を読むような場所にはいかない。自分に嘘をつくような人から離れる。　等

●あなたがあなたでいられるために大切なこと

特に「健康な身体」を維持すること。

ぜひ、「自分の思考癖」を知り、そんなときに「やらないことを決め」、「あなたがあなたでいられるために大切なこと」。ここに一番エネルギーと時間を注いでくださいね。

ゆきちんは「安心感」でした。ではゆきちんにとっての安心感は何か？

ずばり！**「健康な身体」**です。これについては7章で詳しく書きますね。

何をやってもうまくいかない
その5「メンバー内トラブル」

社内トラブル、一緒にビジネスをしているメンバーとのいざこざ、本当につらいです。エネルギーをとられます。できるだけ回避したいですよね。

ちょっとしたことから溝が少しずつ深くなり、いつの間にか何をやってもその溝が埋まらなくなってしまう。そんな経験、ありませんか？

うちは少ないほうだと思います。ほとんどありません。みんな本当に仲がいい。私なんかよりずっと大人で自立しています。

ただ過去にあった話として、共同主催でイベントをすることがありました。もちろん役割分担はあったのですが、お互いに「これはやってくれるだろう」がありました。「主催者なんだから当然、これはやってくれるよね」が積もり積もってしまったんです。今思えばお互いに「ここまで自分がやることではない」という不満があったんだと思います。

イベントは無事に終わったものの、なんとなくぎくしゃくした関係となってしまいました。

そんな経験を踏まえて、今私が心がけていること。

・正直であること。「あれ?!」と思ったら、すぐに直接確認すること
・何か一緒にやるときは、いつも以上に丁寧に説明すること。相手の考えもしっかり聞くこと。
・かっこつけない。「やっちまった!」と思ったら即、素直に謝る。
・メンバーを信じる。求められてもいないのに関与しないこと。
・こちらからいろいろ聞き出さないこと。

ただ、**向こうから言って来たら120%の氣持ちで受け入れ、寄り添うこと。**以前は相手を理解したくて、必要以上に関与していました。でもそれは自分が安心したいだけだったんですよね。

関りの深い人とぎくしゃくするのは、本当につらいです。私はビジネスでもプライベートでも「いつも言いたいことが本音で言い合える関係」を大切にしています。

関係性が近くなればなるほど、一番聞きたいことが聞けなくなります。だから遠まわしに聴いて相手を詮索する……そこからは、よい関係は生まれません。**普段から言いたいことが本音で言い合える関係、風通しのよい環境である**ことに、日々氣をつけています。

ワーク10

人間関係について氣づきを得る

● 今まで人間関係がこじれてつらかった体験話を2つ書いてください

● これらの経験から、あなたが意識することはなんですか？

for example

ゆきちん自身の経験から次のように答えました。

●今まで、人間関係がこじれてつらかった体験話

・みんなでイベントをやる際、役割分担の話し合いが不十分で、お互いに不満が積もり積もってしまった。

●これらの経験から、あなたが意識すること

・正直であること　・いつも以上に丁寧に説明する
・「あれ?!」と思ったら、直接確認する　等

私もまだまだです。でもそんなときは自分を責めないこと。「やっちまったー」と笑いながら言い放ち、正直に相手に言う、謝る。そして「●●を意識しよう」と自分に再度言い聞かす。そうやって少しずつ少しずつ人って成長していくんじゃないかな。

できがった人にまわりは魅力を感じません。あちこちゴツゴツぶつかりながらも、少しずつ成長している姿が、まわりから見て魅力的で光輝いているのではないでしょうか。

第6章

答えは
あなたの中にある

～ゆきちんからのメッセージ

落ち込んだとき、繰り返し読んでください

いかがでしたか？

冒頭にも書きましたが、今ゆきちんは好きなことをして、毎日本当に幸せです。もちろんいやなこと、ありえないことは起きますよ。

でも、自分のありたい姿が見えていると、**すべての出来事が幸せになるための認定試験**みたいに感じられるんです。

「あ〜これを乗り越えれば私また幸せになれるんだ」

「すべてはよきことのために起こる」

そうやってマイナスな出来事とも戦わず、しなやかにおつき合いしています。それでも

モヤモヤしたり、焦ったり、自信を無くしてしまった

りしたときは、ぜひこの本を読んでください。

私も読みます（笑）

私はこの本を書くときに**「落ち込んだとき、繰り返し読みたくなるバイブルのような本を書く」**と、心に誓い、書き出しました。

私も落ち込んだときはこれらの言葉に救われています。ここから先の言葉に、一つでもあなたの心がラクになる言葉があったらうれしいです。

世の中は確実に変わってきている

「24時間戦えますか?」の時代は終わりました。ガツガツ系、ガッチリ系、ゴリゴリ系の時代ではありません。ユルユル、癒やし、ゆるい中で「あ〜」としみる、じわ〜っとくる氣づきが求められています。**楽しみながらそれぞれのペースで結果を生み出していく時代**

です。

「今はこのやり方が主流です」と、一つのところに人が集まる時代は終わったような氣がします。

オンライン化に伴い、さらに情報や人脈が得やすい時代になりました。**自分にあったやり方をそれぞれが見つけ、それぞれのやり方で前に進む。**本当に多種多様な時代です。ゆえに、多種多様な選択ができるのです。

あなたが何かをやるにしても、今までのやり方が答えではない。この世界でこれまで成功してきた人のやり方が正解ではありません。

答えは自分の中にあるのです。

またあなたが企画したことになかなか人が集まらなくても、それは当たり前。だって選ぶほうにしてみれば、選択肢がたくさんあるのだから。

これからの時代は何かになる時代ではない。「**自分自身で在る**」時代です。まず**自分が自分であること。そこに共鳴した人たちが集まる。**

集まる人数がどんなに少なくても、あなたのあり方に共鳴してくれた人と、大切に丁寧にその輪を広げていってください。

金銭感覚、価値基準が変わってきている

金銭感覚も確実に変わってきています。

金額が高いもの＝よいもの
金額が安いもの＝あまりよくないもの
この感覚が、みごとに崩れてきています。

オンライン化によって、無料でさまざまなサービスを手に入れることができるようになりました。「え？　こんないいものが無料なの？」って感じです。

安かろう悪かろうではない。高かろうよかろうではない。**安くても高くてもよいものは**

よい、ダメなものはダメなのです。

ゆえに、あなたが自分の商品の金額設定をするとき **「ワクワクする金額」** をつけてください。あなたが幸せになる金額設定をしてください。するとまわりも幸せになります。

よく人が集まらないとき、値下げ、値引きをします。私もしていました。でもね、よく考えてみて。「人が集まらないから、仕方ないから金額を下げる」。

これ納得できますか？　そういう金額設定であなたは幸せですか？

あなたが納得いかない不幸な金額を設定すると、その先にいるお客様も不幸になります。

どうか**あなたの大切なお客様を幸せにするためにも、あなたがワクワク幸せになる金額設定をしてください。**

でないと、お客様に失礼ですよね。

また、人がモノを選ぶ価値基準も変わってきています。

「人はスキル的（知識、マニュアル、やり方等）なことより、感じることにお金を使っている」

ように思えます。スキル的なことはネットで調べればすぐに手に入ります。「楽しみたい、感動したい」。そういうところに、人はお金と時間を使うのではないでしょうか。

たとえば、講座のタイトルも「●●の資格が手に入る」「売上が2倍になる」よりも「▲▲な生き方が手に入る」「▲▲な生活を満喫するコツ」。このほうが、ワクワクしませんか？

では、楽しいことを提供するにはどうすればよいか？

答えはただ一つ！ **「あなたがむちゃくちゃ楽しいこと、面白いと思うことをやる」**。これだけです！ 眉間にしわ寄せて「どうすればたくさんの方々に来てもらえるか？」と、悩みながら考えたところで、人は集まりません。おわかりですよね？

どんな自分に会いたいですか？
そのために何を変革・改革しますか？

「徹底的に正直になって」考えてみてください。
「今まではこうだったから」と過去と比べたり、今までの失敗事例から恐怖が生まれたり、伝えるのが怖くて恥ずかしくて、様子をみたり、本心とは逆のことを言ってみたり……。
もう、そんな時代は終わりました。

そうではなく

「本当の本当の本当の本当は自分はどうしたいか?!」

を、考えてほしいのです。

徹底的に正直な人は「今を幸せと決めて、全力で生きている人」です。要するに「こう生きる！」と決めている人、「自分はこうだ！」と信じている人です。こういう人は満たされています。

満たされていないと、正直になろうとしたとき、カッコつけたり、はったりかましたり、マウントをとろうとしたりするからね。

今、幸せと決めて生きている人は「正直に言っても大丈夫」という自信があるんです。だって満たされているから。

1．自分を満たす。幸せにする。自分は今、幸せと決める

2．すると素直、正直になれる

3．すると今までの固定概念、価値観から解放される

こういうことなんじゃないかな、と思います。これからますます、**結果社会から感情社会**になります。

結果優先より**「やりたいこと優先」**でいってください。そのほうが、結果うまくいきます。そして何より**あなたが幸せ**です。

ゆきちんの幸せになるための定義は、次のようなことです。

「自分をコントロールしているものを外したとき、幸

せになれる」

自分をコントロールするものは「失敗したくない、みっともない姿をさらしたくない」というカッコつけからです。

「表現は生き様」です。わかりやすく言うと**「普段の生活がそのまま表に出る」**ということです。普段の生活習慣が、人と話したときの言葉遣い、立ち居振る舞いなどに表現として出てしまうのです。

たとえば、普段から人の眼を氣にして生きていれば、表現も当然相手に氣に入られる表現になります。普段から自分に正直に生きていれば、表現も正直な表現になります。

役者時代、ゆきちんは演出家に言われたことがあります。

ゆきちんが問題ばかり起こす妹に対して「憔悴しきった姉の役」をいただいたときでした。演出家はゆきちんの芝居を見て、

「宮北、憔悴しきった芝居をするな。憔悴しきった身体になれ。そうすればもっと自由に表現できるぞ」

おわかりいただけますか？　表面的に憔悴しきった芝居（憔悴しきったフリ）をしても、

心はかたくなり、自由に表現できなくなります。だって普段は憔悴しきった自分じゃありませんから。

でも普段から憔悴しきっている、要するに憔悴しきった身体になれば、それがもう私ですから、どこをどう切り取っても憔悴しきった人です。

ということは……

「幸せな芝居（幸せなフリ）をするのではない。幸せな身体になってしまえば、どこをどう切り取っても幸せな人にしかなれない」ではないかと思うんです。

もっとあなた自身でいてください。うまくいっているときも、うまくいっていないときもあなたです。

幸せな人になるのは誰かになることではない。いかなるときも、誰に対しても、正直な自分でいること。「私は幸せだ」と決めて、**「あなたがあなたであること」**が、幸せな身体になることだと思うのです。

人づき合いの優先順位

徹底的に自分に正直であるためにも、さまざまなシーンで**優先順位**をしっかり持つことは大事です。「あれもこれも」で、やることがお団子状態になっていませんか？

自分で事業をすると、仕事に終わりがありません。いくら時間があっても足りない。「あれもこれも」になり、できていない自分に焦る、まわりと比べ、自信を無くす。しっかり自分のペースで正直に進めるためにも「優先順位」は大事です！

たとえば仲間や日頃からお世話になっている人から、「セミナーを開催する」、「イベントやるから来て」と誘われましした。

そのときもし「つき合いもあるから行ったほうがいいよな」「この前うちにも来てもらったから行かないと申し訳ない」と思ったら、その考えをスッパリ捨ててください！

横を見ないでください。自分のお客様を見てください。横を見ると、時に比べ、焦ります。ろくなことになりません。

「本当に自分が学びたい」「自分の勉強になる」ならば、いいですよ。でも**おつき合いで行くことは優先順位から外してください。これほど時間やお金がもったいないことはない!!**

横を見る余裕があるならば、それを全部自分の大切なお客様を見ることに使ってほしいのです。

自分の勉強になる、自分のコンテンツを高めたかったら、自分のコアに触れる空

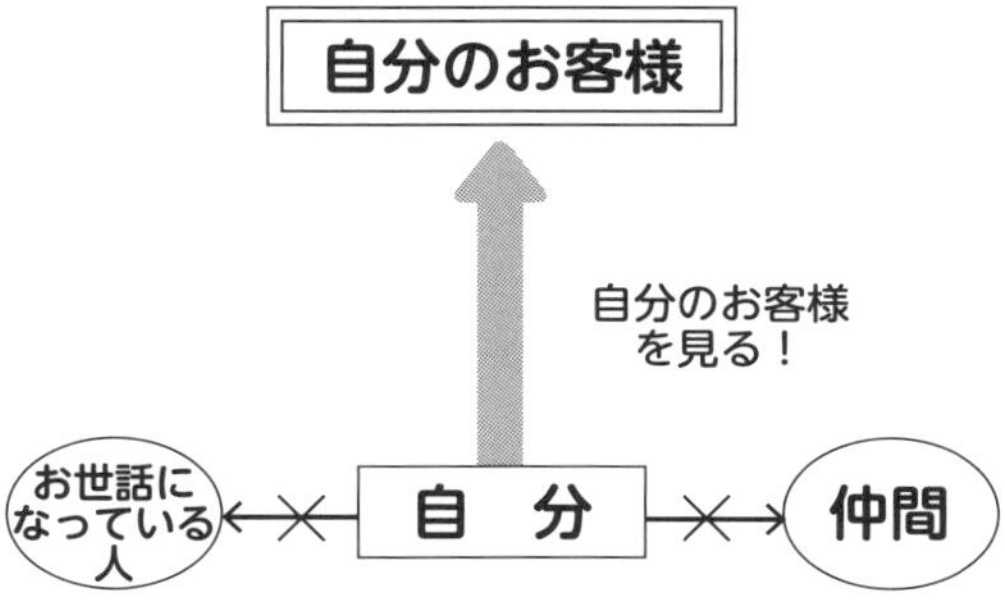

「横を見ない、横と比べない」

間、場所、事柄に行くことをおすすめします。なぜなら、まだ自身のコンテンツがフワフワしていてしっかり固まっていないとき、同業者のセミナーに行くと流されるからです。

では自分のコアに触れる空間、場所、事柄をどうやって見つければよいか？

こちらのワークシートからあぶり出してみましょう。

ワーク11

自分の中の優先順位を知る

● 現在、興味があること、夢中になっていることは何（複数可）？①

● なぜ興味があるの（①の答えそれぞれに答えてください）？②

●毎日生きていて、氣になること、問題だと思うことは何（複数可）？③

●なぜ氣になるの（③の答えそれぞれに答えてください）？④

●①②の共通点は？⑤

●③④の共通点は？⑥

●⑤⑥を眺めて、自分のコアに触れられる空間、場所、事柄を書き出してみよう

ゆきちんの場合、次のように答えました。

●現在興味あること、夢中になっていること／なぜ興味があるの？①②

・海につかる（力が抜ける、ゆるむから）
・筋トレ（無になれる、変化を感じられるから）
・マラソン（無になれる、すっきりするから）
・料理（無になれる、考えたことが形になる）

●毎日生きていて氣になること、問題だと思うことは何？／なぜ氣になるの？③④

・自己肯定感が低い日本人（自分の人生、自分のものだと思うから）
・まわりに流され行動しちゃう人（自分の意見を持ってほしいから）

●①②の共通点は？⑤

・無になる。変化。

③④の共通点は？⑥

・自立・答えは自分の中にある

⑤⑥があぶり出した自分のコアに触れられる空間、場所、事柄

・一人旅
・自然の中に身を置く
・深い話ができる友

自分のコアに触れ、それを丁寧に深めることで、あなた自身が成長します。そしてしっかりお客様と向き合う。そうやって、あなたがあなたで在る軸を、太く太くしてくださいね。結果それが幸せな人で在り続ける秘訣だと思います。

「なんのために」を常に意識しよう

最終的に突き詰めたいのは、**「自分は何を伝えたいのか、大切にしたいのか、それはなぜか？」**ということです。

これを言語化しましょう。何かやるときに、いつもここから逆算して行動してください。

ゆきちんの場合、最終的に伝えたいこと、大切にしたいことは次の3つです。

心＝言葉
自立と共助
自分の言葉に責任と覚悟を持つ

日本中をこういう人にしたい。だから何か新しいことをするとき、常に「なんのためにこれをやるのか」を、言語化しています。これは日常生活から意識できます。たとえば氣持ちよい部屋にするために掃除していたのに、懐かしい写真が出てきて、それに見入ってしまうことありませんか？　これって、まさに「なんのために」から迷子になってしまった事例です。

さあ今あなたがやろうとしていることはなんですか？　それはなんのためですか？　書き出してみましょう。

ワーク12

自分の目的「なんのために」を意識する

●今、あなたがやろうとしていること、企画していることはなんですか？

○○をする・△△の話をする【目標（行動）：目的を達成する手段】

●それはなんのためですか？【目的（感情）】

for example

あなたの目的はなんだったでしょうか？　ゆきちんの手段と目的は次のとおりです。

●今、あなたがやろうとしていること、企画していることはなんですか？

・好きなことを仕事にするワークショップ

●それはなんのためですか？

・誰もが自立して、好きなことを生業にしてもらいたいから

常に「なんのために」を意識してください。迷ったらいつも「なんのために」と自分に聞いてください。これを習慣づけると、悩む時間がグンと減り、自分で答えが出せるようになりますよ。

現状がモヤモヤして自分らしくないと感じるときの対処法

モヤモヤだけでは、なかなか一歩前には進めない。そりゃそうですよね。どこに進んだらよいかわからないですから。

そんなときは、**「自分はどうしたいのか？ 何を手に入れたいのか？」**。ここを明確にしましょう。ここが明確になると、現状を手放すことの恐れが消えます。

何を手に入れたいかが明確になると、**自分の居場所が見つかります。**

結果、**手に入れたい自分に正直になれて一歩前に進める**のです。

たとえば、好きなことをやっていきたくて退職を決意したとします。でもその退職するタイミングが難しい。「この退職は逃げなんじゃないか？」「ならば何か結果を出してから辞めたほうがよいのではないか？」「自分は結果も残せないまま、逃げるように辞めるのか？

それでいいのか？」

そんな思いが巡ります。自分を責めることがあるかもしれない。結果を出そうと、がんばるかもしれない。

でもね、これは**手放してください。あきらめてください。**

手に入れたいものが明確になると、手放すことが怖くなくなります。

ゆきちんの優先順位。ダントツTOPは「身体・健康」

私の大切なお友達、屋久島でリトリートをされているキャノン美津子さん（通称：みっちゃん）が素敵なことを言ってくれました。

「私はね、お金の貯金以上に **「身体の貯金」** を大事にしている。だって身体が健康であれば、なんでもできるじゃない」

「身体が喜んでいると恐れが入ってこないよ。身体の貯金があれば、不安、恐れはまず入ってこないよ」

「怖いのはね、やりたい！という心が優先しちゃって身体が置きざりになっていること。身体はおもてなしをしなくても生きていけるでしょ。身体は壊して初めて、ありがたみがわかるからね。もっと**身体に対する優先順位を上げてほしいな**」

身体が置きざりになっている。心が優先しちゃっている。

私はこの言葉に心が震えました。ホント、そうなんです。ゆきちん、それをこんな絵にしてみました。

次ページの図にあるとおり、身体の中に心は入っています。ならば**身体が喜べば、心もその中に入っているわけだから一緒に喜ぶんじゃないかなって**。

ゆえにみっちゃんの言うとおり、身体が喜ぶことをすると、不安や恐れは入りにくくなる。私は今、心が喜ぶことをしているとき、身体には「パソコンで眼をいっぱい使っちゃっ

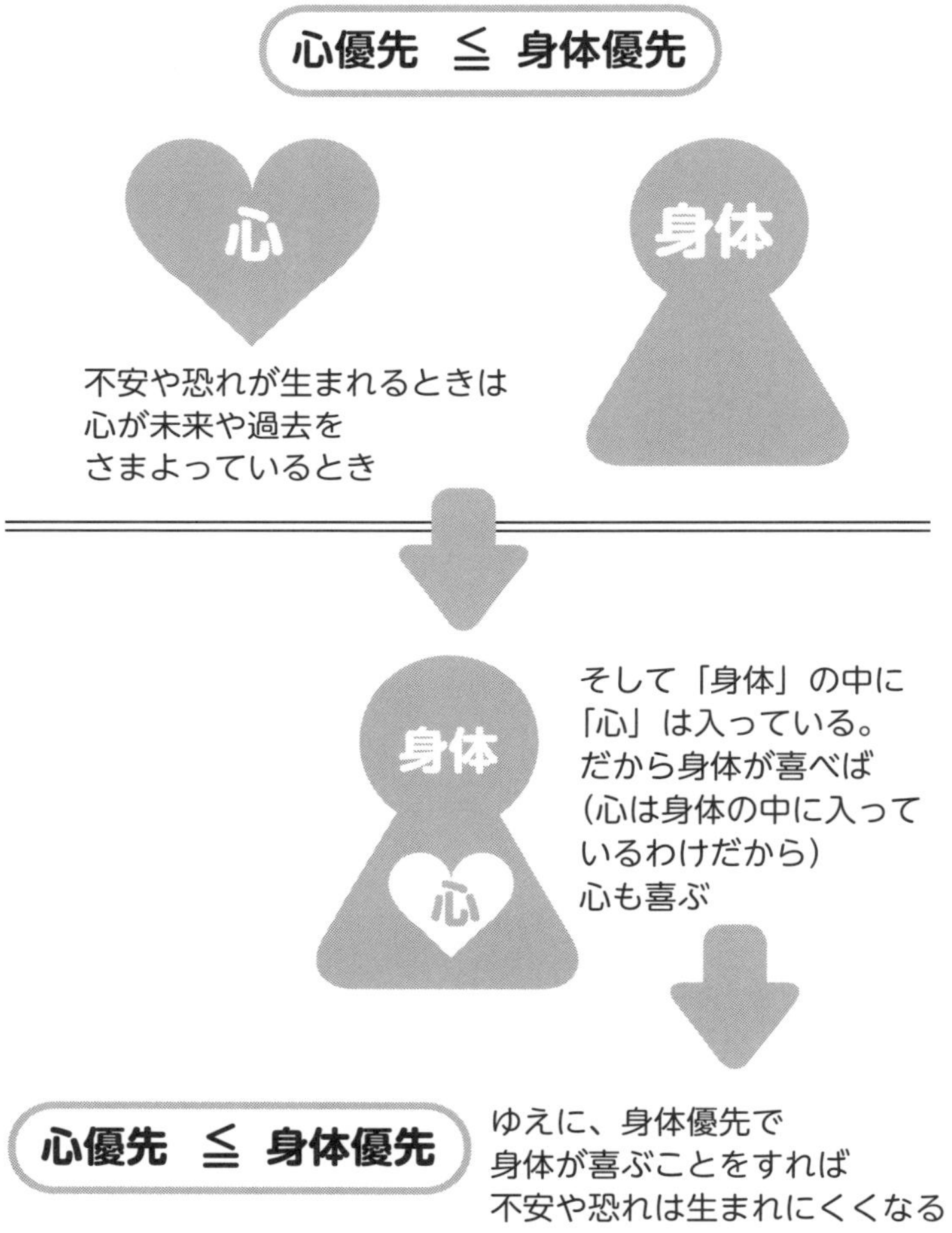
心優先　≦　身体優先
心
身体
不安や恐れが生まれるときは
心が未来や過去を
さまよっているとき
身体
心
そして「身体」の中に
「心」は入っている。
だから身体が喜べば
(心は身体の中に入って
いるわけだから)
心も喜ぶ
心優先　≦　身体優先
ゆえに、身体優先で
身体が喜ぶことをすれば
不安や恐れは生まれにくくなる

てごめんね。ありがとう」とねぎらいの言葉をかけることを、心がけています。

またみっちゃん、こんな素敵な言葉も言ってくださいました。

「やりがいのある仕事を持っている人は盲点よ。こういう人ほど身体の声を聞かないの。やりがい、生きがいで突き進んでしまう。こういう人ほど危ないよ！」

もうね、ゆきちん心がチクチク痛いでありますよ。私もこれまでに何度か倒れました。今でも昔ほどではなくても、身体優先ではなく、心優先で仕事をしてしまうことあります。だって好きだから……。でも自分が自分で在るために、心身ともに幸せであるために「身体最優先！」。

ゆきちんは身体最優先であるために、徹底してやっていることがあります。

・できるだけ、時間を空ける
・頭と身体に空きを作る
・セミナーも準備したら、あとは何もしないでぼーっとする時間をとる。

・半年に一度3週間まとめて休みをとる（今後少しずつ延ばして1か月～2か月の休みをとれるようにしていきます）

誰かがこんなことおっしゃっていました。

・人はお金を稼ぐために健康を犠牲にし、健康を取り戻すためにお金を犠牲にする

・未来を心配しすぎるあまりに、現実を楽しめない

その結果、現在を生きることや楽しむこと、未来を生きることや楽しむこともできなくなっているというのです。少しずつで構いません。幸せに好きなことをするためにも、

「身体優先」「身体貯金」を心がけてみませんか。

自分が一番幸せであるための設定をしよう

なんでもそうですが、物事は設定すればそのとおりになりますよね。テレビも見たいド

ラマを録画設定すれば、そのとおりに録画できる。お風呂も自分が一番心地よい41度に設定すれば、41度のお湯が出てきます。

同様に自分自身が一番幸せである設定をすれば、その幸せのエネルギーが出てくるんです。そのときのコツは、目の前のこと、目の前にいる人、見えること、起こっていることという

「事実を設定に組み込むこと」。

なぜなら未来のこと、先のことからくる不安や希望って、見えないことですよね。「うまくいかなかったらどうしよう」という不安も、「年商●億稼ぎたい」も、見えない未来のことです。

見えないことを組み込んでも、わからないから組み込みようがないよね。ジャグジー風呂にしたいと思っても、今自宅のお風呂にジャグジーの設定がなかったら無理なことと同じです。

「ないもの、見えないもので幸せの設定をするのではなく、見えること、事実だけで自分が一番幸せであるための設定をする」

さあ、ワークで図式化、見える化してみましょう。

今あること、今ある人、今置かれている環境で自分が一番幸せな設定をするために……。

まわりをどのようにポジショニングしましょうか？

まわりとは、自分を取り巻く「人」「事柄」「環境」です。

ワーク13

自分が一番幸せであるための設定

●あなたが一番幸せである「設定図」を絵でも、文章でも、箇条書きでも構いません。自由に描いてみましょう。

ちなみにゆきちんの設定図はこんな感じです（186ページ）。

幹の部分に「ゆきちんの生き様」があります。その生き様をにじみ出す手段として、枝に、図のような行動を書き出しました。

- **・講演をする**
- **・セミナーをする**
- **・旅行をする**
- **・マラソンをする**
- **・筋トレをする**
- **・ボーッとする**

根っこは、今まで出会った人や経験が肥やしになり、太くなります。その経験がゆきちんの生き様となるのです。

この設定図を書いたとき、こんなことを思いました。**「あ〜これで、全力でぼーっとできる！」「全力で遊べる」**って（笑）。

ゆきちん、休めなかったんです。遊べなかったんです。なんか油断して足元すくわれるような氣がしてね。

でもこの設定図を描いたら、堂々と休むことができるようになりました。堂々と旅行に行ったり、長期の休みをとったりすることができるようになりました。今でもこの絵はすぐ見えるところに貼って、自身に焼きつけています。

どうぞあなたも「自分が一番幸せになる設定図」を描いてみてください。**すべてを楽しむ！　好きなことを仕事にして毎日「なんて幸せなんだろう！」と心から叫べる。**そんなあなたを手にしてくださいね。

ゆきちんが
一番幸せであるための設定図

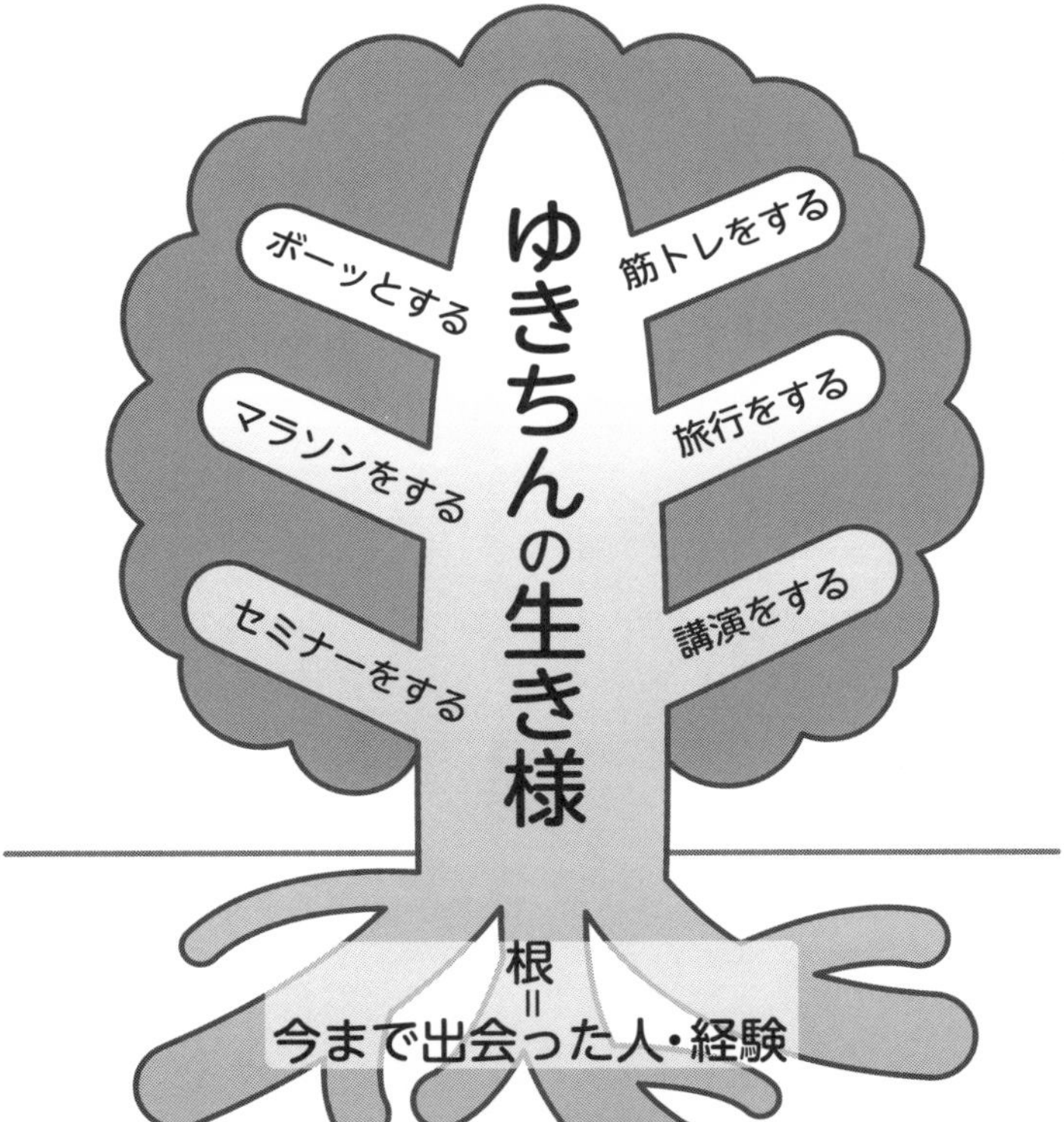

すべてのことを
ゆきちんの生き様につなげる。
するとすべてに全力投球できる。

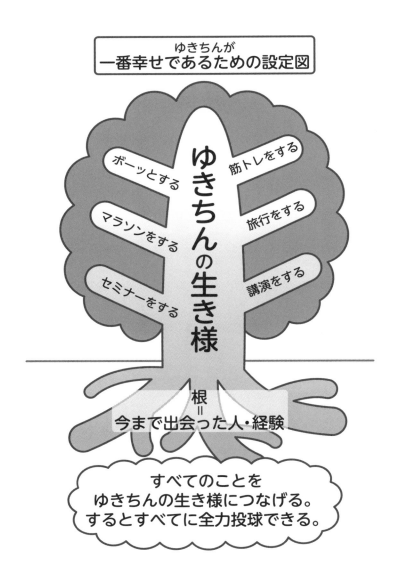

ワークのまとめ

これまで行っていただいたワークの、全体の流れをご紹介します。このワークは、あなた自身の幸せなあり方を探す「ストーリー」になっています。あなたが人生の迷子になったら、あなたが迷っていることの答えになりそうなワークとその前後のワークの、あなたの答えを見返してみましょう。

ワーク1

不幸エネルギーを幸せエネルギーに変換させる（23ページ）

自分がつらかったことなどを思い出し、そうならないためにはどんな自分になりたいのかを明確にする。

ワーク2 A、B

楽しかったことから得意なことをあぶり出す（32・39ページ）

今でも思い出せるくらいの強い感情が残ることから得意なことを見つける。

ワーク3

ありたい自分を具体化する（51ページ）

普段思っている「ありたい自分」を文字や図、絵にして視覚化し、実現のスピードアップを図る。

ワーク4

どうやって幸せの水を満たそうか？　増やそうか？（72ページ）

自分を枯渇させないために、自分をご機嫌にする方法を考える。

ワーク5

「やりたくないこと」をあぶり出す（92ページ）

やりたくないことをあげ、どうしたらやらずに済むかの工夫を考える。

ワーク6

自分の「自分の幸せのあり方」をもう一度考える（117ページ）

「自分はどうありたいのか」ということをさらに深掘りする。

ワーク7

「自分がやりたいこと、自分にしかできないこと」に気づく（122ページ）

一人で抱え込まないために、「やりたいこと、自分にしかできないこと」をあげ、反対に人に助けてもらえる部分をピックアップする。

ワーク8

お金について（134ページ）

自分のお金に対する考え方を知る。今あるお金に目を向けて何ができるかを考える。

ワーク9

自分の思考癖を知る（142ページ）

自分の心が弱っているときの癖を知り、自分の状況に気づきやすくする。

ワーク10

人間関係について氣づきを得る（148ページ）

常に安定した人間関係を保つにはどうしたらよいかを知る。

ワーク11

自分の中の優先順位を知る（165ページ）

自分のコアに触れて深め、自分の成長を促す。

ワーク12

自分の目的「なんのために」を意識する（173ページ）

最終的に突き詰めたいことを明確にし、「そのために何をすればよいか」の逆算思考をする。

ワーク13

自分が一番幸せであるための設定（183ページ）

今、実現可能な自分の幸せの形を意識することで、自分だけの幸せを実現する。

ゆきちんの話をもっと聞きたい、
メソッドをもっと知りたい方はこちら

本書で語りきれなかった
暴露話

本の内容の
生活への活かし方

好きなことを仕事にする
ワークショップ

おわりに

ここまでお読みいただき、ありがとうございました。今回は、好きなことを仕事にして、「幸せになってもらいたくて」書きました。

なぜか？

今まで好きなことを仕事にしているのに、不幸な人をいっぱい見てきたからです。

私もその一人でした。私は好きなことをしているはずなのに、

「まだこれもできていない」

「まわりはドンドン形にしているのに、私はなんて不器用なんだ」

と、自分を責めてばかりいました。

また「私はお小遣い程度でいいから」「私は子どもがいるから」と発言することが逃げだと思い、そんな自分を責めている人をたくさん見てきました。

大事なのはね。

そんな自分も、すべて、すべて受け入れること！


「はいはい、私はまわりと比べていますよー」

「はいはい、私は不器用ですよー」

「私は、今はお小遣い程度でいいと思っていますよー」

「私は、今は子育て最優先と思っていますよー」

と、受け入れること。


いかなるときも、**【I Love Me】**でいてもらいたいのです。

好きなことを仕事にするって、「これが正解」というものはありません。

「自分が幸せであるかどうか」が、成幸の基準だと思うのです。

じゃあ、いつも幸せであるためにどうすればよいのか？
それはやっぱり【I Love Me】。自分を愛することだと思うのです。

もし自分を愛せなかったら、自分を受け入れられなかったら、ゆるめてください。ユルユルに、トロトロに溶けちゃうくらい自分をゆるめてください。自分を甘やかしてください。自分に最上級のおもてなしをしてください。

そしてもう一つ、
「自分が変わりたいこと、成長したいことを、好きなこと（得意なこと）を手段にして、手に入れる」ってこと。

第1章でも書いたように、ただ好きなだけでは3年で飽きます。好きなことを通して、どう自分が成長したいか、変わりたいか。これが好きなことを仕事にして、幸せであり続けるコツだと思うのです。

ゆきちんは小さいころから、周囲から氣に入られる発言をしていたから、「自分らしく自分の言葉で話せるように変わりたい！」と強く強く思っていました。

それを人前で話すことが好きということを活かしてやっているだけなんです。もし「人前で話すことが好き」なだけで言響の仕事をしていたら、とっくに会社はつぶれていると思います。

実はね。これまでに何度か会社がつぶれそうになったことがありました。そのとき、一番に思ったこと。

「この会社をつぶしちゃったら、また前の自分に戻っちゃう！
また目の前の人に氣に入られる言葉で話す自分に戻っちゃう!!
そんなの絶対絶対いやだ！！！」

その氣持ちがあったから乗り越えられて、この仕事を20年近くやってこられました。

「好きな仕事をやり続けるとは、自分の在りたい姿と向き合い続けること」。

ぜひ、**好きなことを仕事にして、理想の自分を手に入れてください。**

一人でも多くの人が幸せに、好きなことを仕事にして、ありたい自分を手に入れられることを、心から願っています。

私も、もっともっともっと幸せになります。もっともっと成長します。

最後までお読みいただき、ありがとうございました。

2023年3月

宮北結僖

宮北 結僖（みやきた ゆき）

（株）心に響く話し方代表取締役。（一社）日本心に響く話し方協会代表理事。
言響（心に響く話し方）主宰。西田敏行らが在籍する劇団青年座を経て独立。俳優として、TV、舞台などで22年間活躍。現在、言響スクール、セミナーを主催。「スラスラ話すことはうまい話し方ではない。心からの言葉を伝えることが何より人の心に響く」と、自分の言葉で話せる「言響（ことひび）メソッド」を約3万人に提唱。現在はセミナーに加え、一人芝居と講演を組み合わせたステージで全国を回るなど、精力的に活動中。著書に『お客様の心に響く話し方』（小社刊）、『話し方　お悩みカイケツ アドバイス』（あさ出版）。

宮北結僖オフィシャルサイト　https://www.genkyo.net/
（一社）日本心に響く話し方協会サイト　https://genkyo.jp/

好きなこと、変わりたいことを見つけて

幸せを天職にする

2023年4月12日　初版第1刷発行

著　者　宮北結僖
発行者　東口敏郎
発行所　株式会社BABジャパン
〒151-0073 東京都渋谷区笹塚1-30-11　4・5F
TEL　03-3469-0135　　FAX　03-3469-0162
URL　http://www.bab.co.jp/
E-mail　shop@bab.co.jp
郵便振替　00140-7-116767
印刷・製本　中央精版印刷株式会社

ISBN978-4-8142-0539-4　C2077

Illust　佐藤末摘
Design　石井香里